Brecht, la fotografia, la guerra

Giacomo Daniele Fragapane

postmedia • *data*

Brecht, la fotografia, la guerra
di Giacomo Daniele Fragapane

Cover: Michele Lombardelli

www.postmediabooks.it
isbn 9788874901494

Premessa

«Oggettivo e soggettivo, qual è la differenza? Soggettivo viene dalla vostra mente, non può essere dimostrato da altri». In questa lezione che Mr. O'Brien, il padre autoritario del film *The Tree of Life* (2011) di Terrence Malick, impartisce ai suoi figli, è possibile scorgere, in un controluce tanto ironico quanto icastico, quello che potremmo definire il versante conformista, *gregario* dell'idea di verità. Qui, vero, oggettivo, è solo ciò che può essere dimostrato da altri, mentre – ponendoci dal lato di chi ascolta – ciò che viene dalla "nostra" mente non può avere alcuna pretesa in merito. L'epigrafica formula che Jean-Luc Godard espone in *Historie(s) du Cinéma* (ep. 4.2, *Les Signes parmi nous*, 1998), secondo la quale «Un'immagine non è forte perché brutale o fantastica, ma perché l'associazione delle idee è lontana. Lontana e giusta» ci spinge in modo un po' ambiguo sul versante opposto, assai più arduo da definire. Da un lato, scorgiamo in controluce l'eteronomia logica sottesa a ogni principio di autorità; dall'altro un salto poetico – *dalla verità al senso* – tutto interno alla coscienza immaginativa.

Le "associazioni di idee" del primo tipo, naturalmente, sono molto più comuni, e insidiose. In un saggio dalla valenza seminale per la psicologia moderna, *Psicologia delle masse e analisi dell'io* – scritto dopo la catastrofe della prima guerra mondiale e i cui esiti teorici sono ancora oggi assai discussi – Freud ci offre una prima chiave per comprendere l'abbaglio di Mr. O'Brien. Ripercorrendo il dibattito scientifico coevo sulla psicologia collettiva, gli studi di Gustave Le Bon sulla "mentalità popolare" (1895), conseguenti all'esperienza traumatica della Comune parigina e all'ingresso delle classi popolari nella vita politica moderna, e quelli di William McDougall sulla "psicologia sociale" (1908), che sottolineavano il potere dei "nuovi media" di condizionare e uniformare l'opinione pubblica sfruttandone i meccanismi emotivi inconsci e le illusioni irrazionali, egli attesta anzitutto che «La massa è straordinariamente influenzabile e credula, è acritica, per essa non esiste l'inverosimile. Pensa per immagini, che si richiamano vicendevolmente per associazione come, nel singolo, si adeguano le une alle altre negli stati di libera fantasticheria; queste immagini non vengono valutate da alcuna istanza ragionevole circa il loro accordo con la realtà». Nella massa, inoltre, «le intelligenze più piccole attirano al loro livello quelle più grandi. Queste ultime vengono ostacolate nella loro attività perché l'esaltazione dell'affettività crea comunque condizioni sfavorevoli al lavoro intellettuale valido, perché i singoli sono intimiditi dalla massa e il loro ragionare non procede libero, perché infine in ogni singolo il senso di responsabilità per le azioni compiute si riduce». Freud delimita il campo della questione riscontrando come «la suggestione (più esattamente la suggestionabilità) [sia] un fenomeno originario, non ulteriormente riducibile, un fatto fondamentale della psiche umana» e precisando che per essa «resta la definizione seguente: un convincimento basato non sulla percezione e sul ragionamento, ma su un legame erotico». Tali fenomeni, definiti di "infezione psichica", sono a loro volta riconducibili al meccanismo fondamentale dell'"immedesimazione" (o "empatia"), alla base di ogni «formazione collettiva»[1].

Dieci anni dopo il saggio di Freud, in uno scritto altrettanto fondamentale per i moderni studi visuali, e in un momento storico altrettanto drammatico, Walter Benjamin contestava l'idea di una «decadenza» delle arti conseguente alla nascita della fotografia e all'espansione della riproducibilità tecnica, rilevando, tra le altre cose, quanto ormai «si sia trasformata l'appercezione delle grandi opere. *Esse non possono più venir considerate realizzazioni di singoli; sono diventate formazioni collettive*, e ciò in una misura tale che la possibilità di assimilarle è addirittura legata alla possibilità di ridurne le dimensioni»[2]. Se l'opera del passato nell'era della tecnica (e dell'informazione) diviene un oggetto "di massa", assieme alle sue caratteristiche fisiche ed estetiche mutano anche le sue condizioni di fruizione: *la riproducibilità mina alla radice, con l'unicità, anche l'autorità dell'opera*. Qui le cose si complicano, perché in Benjamin questi nuovi oggetti visuali – egli pensa sia ad alcune fotografie "d'autore" sia, in senso assai più ampio, a ogni immagine riprodotta per mezzo della fotografia – non appaiono contrassegnati in termini positivi o negativi: non v'è, appunto, «decadenza», come sottolinea il filosofo, tra il *prima* e il *dopo*, solo una mutazione radicale nel modo di produrre l'immagine (da manuale a tecnico). Mutazione che però, sul versante della ricezione, nasconde un'insidia, dal momento che il "regime di credenza" di un'immagine – il grado di fiducia che siamo disposti ad accordarle – è un dato che può essere rintracciato solo a partire dal contesto enunciativo originario, dai *rapporti di forza* che esso sottende, e che dunque mal si addice all'idea di un oggetto testuale collettivo, multiplo, ripetibile e negoziabile.

È idea assodata e comune che l'introduzione della fotografia nel XIX secolo, la sua *irruzione nella storia*, implicò, tra le altre cose, anzitutto un processo di democratizzazione delle modalità produttive e di fruizione delle immagini, nonché, di conseguenza, un enorme incremento delle stesse e una loro tendenza all'omologazione. Per la prima volta, chiunque poteva realizzarne, e tutti dovettero accettarne le conseguenze. In molti – tra cui Brecht, ma egli non fu il primo né l'ultimo – stigmatizzarono questa tendenza, scorgendovi, diversamente da Benjamin, l'innesco di un processo irreversibile di decadenza e imbarbarimento. Sotto questo aspetto, ad esempio, la famosa definizione della fotografia come un «bordello senza muri» proposta da McLuhan nel 1964 è implicitamente imparentata con l'idea esposta da Baudelaire al Salon del 1859, secondo la quale gli effetti nefasti dell'industria fotografica sull'arte vanno ricondotti «all'azione delle folle sugli individui e all'obbedienza involontaria, forzata, dell'individuo alla folla».

Eppure, come ribadisce più volte Benjamin nella fondamentale sezione dei *Passages* dedicata alla teoria della conoscenza e del progresso, «ogni negazione ha il suo valore solo come sfondo per i tratti del vitale, del positivo», e «Il superamento del concetto di "progresso" e quello del concetto di "epoca di decadenza" sono due facce della stessa medaglia». Notoriamente, lo strumento filosofico per conseguire tale superamento è una lettura "dialettica" delle tracce del passato, intese in senso lato, in quanto "immagini", prodotti culturali "discontinui" e densi di significato: «Ciò che distingue le immagini dalle "essenze" della fenomenologia è il loro indice storico [...]. L'indice storico delle immagini dice, infatti, non solo che esse appartengono a un'epoca determinata, ma soprattutto che esse giungono a leggibilità solo in un'epoca determinata. E precisamente questo giungere a leggibilità è un determinato punto critico del loro intimo movimento. Ogni presente è determinato da quelle immagini che gli sono sincrone: ogni adesso è l'adesso di una determinata conoscibilità». Ma tale conoscibilità, dopo la fotografia, si inscrive in un orizzonte particolarmente problematico, dato che «La particolarità delle forme di produzione della *tecnica* (contrariamente alle forme dell'arte) risiede nel fatto che il loro progresso e la loro riuscita sono proporzionali alla *trasparenza* del loro contenuto sociale»[3].

Per cogliere il significato storico, e politico, di un'immagine, occorre dunque renderla *opaca*: varcare la soglia di ciò che essa rappresenta "per sé stessa", e rapportarla a ciò che può rappresentare, oggi, "per noi".

È questo, mi sembra, il senso dell'operazione condotta da Bertolt Brecht nella *Kriegsfibel*, sull'immaginario fotografico della seconda guerra mondiale. Ma da essa traspaiono anche alcune contraddizioni che rendono il suo rapporto con la fotografia particolarmente enigmatico e seducente, ancorché anacronistico e ideologicamente ambiguo. Per essere più chiari, da un lato, potremmo dire, Brecht non mostra alcun interesse per la fotografia, specie per quella della sua epoca, e tradisce nei suoi confronti un atteggiamento per certi versi brutale e incoerente – il che, rappresenta il controcampo del suo paziente, penetrante e illuminante lavoro di scrittura, imperniato su un continuo gioco di sponda tra parola e immagine, ovvero, in termini heideggeriani, su una dialettica radicale tra *Dichtung* e *téchne*, immagine poetica e immagine tecnologica. D'altro canto, però, Brecht sembra ossessionato dalla fotografia. Questa ossessione insiste su due punti focali: il teatro, o meglio, l'azione scenica (nei *Modellbücher*) e la guerra (nella *Kriegsfibel*). Rispetto ad entrambi, Brecht non si mette mai dalla parte del fotografo – fa fotografare i suoi spettacoli, nel primo caso, usa immagini di reportage prelevate da riviste, nel secondo – eppure la materia stessa della sua riflessione (sul teatro e sulla guerra) è del tutto «fotografica». L'impressione che se ne ricava è quella di un cortocircuito teorico particolarmente rivelatore.

Tra i molti fotografi che incrociano la vicenda della *Kriegsfibel*, o che il libro di Brecht, direttamente o meno, chiama in causa, la figura di Robert Capa assume, come si vedrà, un ruolo nodale: in quanto precoce epitome della stessa fotografia di reportage e, ancor più, di guerra: delle sue ambiguità e del suo potere di plasmare le opinioni e l'immaginario collettivo. L'immagine di gran lunga più riconoscibile che Brecht introduce nel volume, proviene dalla famosa sequenza del D-Day, e offre un prezioso metro di paragone. Lasciando da parte per ora considerazioni più puntuali, mi limito qui a segnalare il peso che quelle fotografie – e molte altre a esse apparentabili – hanno avuto nella cultura dell'epoca (e negli stessi processi di storicizzazione del medium fotografico), lasciandoci un'eredità, non solo iconografica, ma culturale e ideologica, con cui occorre fare i conti. Nel confronto tra le numerose riprese cine-documentarie dello sbarco in Normandia che sono giunte a noi, e i pochi scatti superstiti di Capa, emerge in questo senso tutto il valore simbolico della fotografia. La riflessione investe in profondità il problema del valore documentario delle immagini, e induce ulteriori riflessioni. Perché, ad esempio, quelle fotografie vaghe, mosse e sfocate, muovono più emozioni, e riflessioni, delle drammatiche, "iperrealistiche" e allucinanti visioni di guerra in tempo reale dei filmati realizzati lo stesso giorno, nelle stesse condizioni? Forse la ragione è solo nel fatto che all'epoca i filmati non furono diffusi, cosicché quell'evento fu visto principalmente *con gli occhi di Capa*, e come tale si è sedimentato nella memoria collettiva. Le tensioni simboliche del medium plasmano la sua storia, e la figura di Capa vale in questo senso come un sintomo – di una certa idea di fotografia – che in questo scritto tenterò di posizionare rispetto all'operazione brechtiana. Col senno di poi, comunque, alla fotografia – a *quel genere* di fotografia – attribuiamo (e da essa ci attendiamo) un diverso grado di comprensione della realtà: più durevoli prospettive ermeneutiche, l'impressione di una scelta che estrae e chiarifica snodi di eventi o segmenti di fenomeni, restituendone un'immagine autorevole e "significativa".

L'immagine della guerra rappresenta in tal senso un luogo teorico strategico per esaminare i processi di storicizzazione e ricezione della fotografia, e in ciò il problema dell'*istantaneità* – anche da un punto di vista strettamente brechtiano – è centrale. Guardando oggi i filmati, perlopiù anonimi, del D-Day, ciò che colpisce la mia attenzione è in effetti qualcosa di molto «fotografico» (e di certo non sostanziale), ad esempio – faccio appello alla mia memoria personale di spettatore, senza tentare di colmarne le lacune – lo strano, goffo avanzare di un ragazzo acquattato sotto il fuoco delle mitragliatrici (lo stesso movimento che conferì alle fotografie di Capa la loro forma) o simili dettagli, che Barthes definirebbe «ottusi». Ma lì è l'evento stesso a impressionarmi, del quale intuisco l'immagine essere una pallida eco: non la sua rappresentazione, ossia il fatto che sia stato visto in quel modo da qualcuno. È la mera effettività dell'evento che cattura la mia attenzione, non il suo essere imbricato in una concatenazione di pensieri, atti, sistemi di valore.

Come nella pornografia, in queste immagini tipicamente «traumatiche» (come le definì Barthes sulla scorta di una lettura psicoanalitica del metodo brechtiano) la ripetizione produce assuefazione: più guardo, meno vedo, o comunque devo vedere in modo più analitico e distaccato per alimentare il mio interesse e mantenere un rapporto con ciò che vedo. (In tal senso occorre riflettere su cosa intendiamo col termine "pornografia", al di là del suo etimo, dal momento che qui si tratta piuttosto di indagare la natura del "potere delle immagini", un potere che non risiede tanto in ciò che le immagini mostrano, ma nel modo – empatico, *suggestivo* – in cui ci rapportiamo a esse). Ancora secondo Godard – parafraso per sintesi da *Historie(s) du Cinéma*, ep. 4.1, *Le contrôle de l'univers* – l'immagine può esibire la bellezza, l'orrore, la verità, ma non il piacere: se lo fa, automatizza e atrofizza il pensiero; se mostra il piacere, più esattamente, anestetizza la comprensione dell'orrore, e li feticizza entrambi.

Alla radice della *Kriegsfibel*, del suo rapporto con la fotografia, si pone una radicale critica del nesso tra capitalismo, riproducibilità tecnica e società di massa. Il suo principale bersaglio è la logica del consenso e dell'omologazione attraverso le immagini. L'idea di fondo è che le rappresentazioni mediatiche siano sempre – e a maggior ragione se veicolano un esplicito messaggio ideologico – irrimediabilmente e perversamente *diverse* da come appaiono, da come ci si aspetta che siano, e che in questa diversità si annidi un inganno tipico della modernità. Un inganno che solo il singolo, l'individuo attento, educato a «leggere le immagini», può scorgere, rigettando l'empatia verso il loro contenuto (referenziale o formale) e assumendo un atteggiamento vigile, critico, disincantato.

Ho dedicato buona parte di questo lavoro al tentativo di comprendere quella che, rispetto a tale premessa, mi sembra essere la maggiore contraddizione insita nell'approccio brechtiano: il suo muoversi al contempo all'interno e all'esterno della «formazione collettiva»; il suo rivolgersi utopisticamente a un soggetto – il «popolo» – rispetto al quale la stessa premessa epistemologica e lo stesso impianto enunciativo della *Kriegsfibel* denunciano la propria parzialità. La fotografia è il catalizzatore di questo processo: lo innesca e ne illumina i lati oscuri. Allo stesso modo, mi sembra, la posizione brechtiana chiarisce molti aspetti della vicenda storica e teorica della fotografia novecentesca.

1. Meccanismo del quale Freud rintraccia l'origine nello sviluppo del totemismo e nel mito, che evidenziano come «la psicologia della massa è la psicologia umana più antica», una forma di idealizzazione o «reinvenzione della realtà, su cui sono edificati tutti i doveri sociali». Per tutte le citazioni cfr. Sigmund Freud, *Psicologia delle masse e analisi dell'io* (1921, *Massenpsychologie und Ich-Analyse*), Bollati Boringhieri, Torino 1975, pp. 19, 29, 33, 77, 53-54, 72, 74.

2. Walter Benjamin, *Piccola storia della fotografia* (1931), in Id., *L'opera d'arte nell'epoca della sua riproducibilità tecnica* (1936, *L'œuvre d'art à l'époque de sa reproduction mécanisée*), Einaudi, Torino 1966, p. 74. Corsivo mio.

3. Per tutte le citazioni cfr. Walter Benjamin, *I «passages» di Parigi* (*Das Passagenwerk*), Einaudi, Torino 2000, vol. I, pp. 513, 515, 517, 520.

Qualcosa di vero
La *Kriegsfibel* tra storia della fotografia e teoria della storia

1. *Una cesura storiografica*

In molti, da Eschilo in avanti, hanno ribadito che "la prima vittima di una guerra è la verità". L'affermazione, più spesso attribuita a Kipling e divenuta nel secolo scorso quasi un luogo comune dell'umanitarismo di sinistra, ricorre a mo' di esergo in tutta la letteratura critica moderna sulla guerra: come un assioma dalla portata così vasta da abbracciare posizioni politiche anche opposte.

Bertolt Brecht ci ha fornito la versione mediatica di questa idea. A partire dal suo tortuoso e irrisolto – ma proprio per questo, come si vedrà, particolarmente chiarificante – rapporto con la fotografia, si diramano numerose traiettorie ermeneutiche capaci di fare luce su alcuni snodi cruciali, politici e teorici, della riflessione moderna sull'ambiguo potere delle immagini, specie in tempo di guerra. Come una cartina di tornasole, la questione ha negli ultimi anni contribuito a porre in una nuova luce sia l'opera del drammaturgo tedesco (in una prospettiva critica scandagliata innanzitutto, a più riprese, dagli studi teatrali, e che di conseguenza, è il caso di dirlo subito, esula del tutto dai miei intenti) sia alcune logiche di fondo inerenti il «valore d'uso» dell'immagine fotografica: logiche che, diciamo così, operano a monte, e secondo modalità perlopiù inconsapevoli, rispetto all'elaborazione dei principali paradigmi teorici e storiografici della fotografia moderna.

È la via che tenterò di risalire in questo scritto[1], evidenziandone alcuni snodi cruciali raramente esaminati dagli studiosi di fotografia in relazione al metodo brechtiano e alle sue implicazioni estetiche e ideologiche, e cercando semmai di posizionare la figura di Brecht rispetto a essi.

Prima, però, occorre delineare il territorio rispetto al quale, in modo gradualmente più analitico, il nesso tra Brecht e la fotografia sarà osservato. Esso concerne innanzitutto una cesura storiografica. Il 1955, l'anno della prima edizione della *Kriegsfibel* (ultima opera poetica, e l'unica basata su immagini fotografiche, che sia stata compiuta e pubblicata da Brecht)[2], rappresenta tradizionalmente un punto di svolta per la storia della fotografia. Mi riferisco in particolare alla storiografia che nel secondo Novecento ha riconosciuto, con differenze peraltro molto significative a seconda delle aree geografiche interessate, i più influenti autori attivi dal 1839 in avanti e classificato (per generi, tendenze, scuole ecc.) le relative modalità di osservazione della realtà: definendo i tratti peculiari della fotografia in quanto campo di studio (e, in modo speculare, di ricerca estetica); circoscrivendone di conseguenza le fasi e gli scarti evolutivi nonché – ciò che qui più ci interessa – decretando l'esaurimento, verso la fine degli anni Cinquanta, delle sue istanze moderniste, declinate in particolare tra la fine del XIX secolo e i primi due decenni del XX nell'estetica pittorialista e pittoricista, e in seguito nella fotografia sociale, umanista e diretta degli anni Trenta e Quaranta.

Questo snodo coincide con il momento in cui la fotografia, dopo decenni di complesse trasformazioni tecnologico-mediali (confluite nella normalizzazione economica, produttiva e industriale connessa all'adozione della gelatina al bromuro d'argento in sostituzione dei più artigianali procedimenti ottocenteschi, e nella relativa standardizzazione dei formati e delle caratteristiche ottiche, chimiche e meccaniche del medium); socio-culturali (legate alla produzione industriale su larga scala di apparecchi piccolo-formato e alla diffusione di massa delle nuove immagini "istantanee") ed estetiche (riguardanti principalmente la mutazione dei generi rappresentativi, dei «modi di produzione» e dei «regimi scopici» ereditati dal secolo precedente) si assesta su una conformazione, perlopiù intesa come *classica* dagli storici, che insiste su alcune caratteristiche "di base" del «fotografico». Esse riguardano tanto gli aspetti visuali quanto le funzioni epistemiche dell'immagine, e descrivono, da diverse prospettive (tipicamente, ad esempio nella storiografia anglosassone, sui due versanti della fotografia analitica e sociale di Evans e Sander, e di quella metafisica, mentale e spiritualizzante di Stieglitz e Weston), l'immagine di una forma mediale affrancata dal ruolo che le era stato assegnato nel secolo precedente, di «serva umilissima» delle scienze e delle arti – come auspicava Baudelaire nel 1859, presagendo con preoccupazione i futuri effetti della fotografia sull'intero assetto delle belle arti – e infine pienamente cosciente delle proprie potenzialità linguistiche e artistiche.

Il fatto che nelle rappresentazioni storiografiche tale classicità giunga al suo apogeo in concomitanza con la fine del centenario movimento modernista, e nella fase aurorale della cosiddetta postmodernità, è particolarmente significativo in relazione al ruolo della fotografia nella vicenda storica novecentesca, e offre oggi un punto di vista privilegiato sulle logiche culturali sottese all'operazione brechtiana.

Tali caratteristiche "di base" – perlopiù intese come il frutto di una evoluzione nella quale la fotografia dapprima rivendica e successivamente guadagna una propria autonomia procedurale rispetto agli utilizzi precedenti del medium, vincolati da concezioni epistemologiche ed estetiche riconducibili alle pratiche di osservazione e ai modelli di rappresentazione della scienza e dell'arte del XIX secolo – saranno, alla metà del Novecento, comunemente considerate *specifiche* del «fotografico»[3].

In estrema sintesi, l'aggettivo si riferisce alla capacità della fotografia di rapportare in modo organico, coerente, consapevole, una certa tipologia di soggetti e un certo numero di operazioni tecniche, entrambi virtualmente ampliabili all'infinito in virtù del potenziale di invenzione o innovazione dell'*occhio del fotografo*[4]. Si tratta di un regime scopico – cui oggi si tende a ricondurre larga parte della fotografia analogica novecentesca, ponendone per certi versi in secondo piano la complessa dialettica interna – descrivibile come una formazione di compromesso tra sollecitazioni di ordine molto diverso, mirate a stabilizzare in una configurazione "istituzionale" una serie di fattori percepiti come unici e distintivi: il realismo iconico e le caratteristiche narrative e comunicative dell'immagine fotografica; la peculiare correlazione tra essa e i suoi referenti; la stretta complementarità, quasi tautologica – come sottolinea la critica coeva –, tra "forma" e "contenuto" dei suoi processi conoscitivi. È un costrutto istituzionale evidentemente tutt'altro che uniforme, ma comunque egemonico rispetto alle più avanzate pratiche professionali e, in un senso più ampio, alla cultura fotografica dell'epoca (al modo dominante di fotografare, guardare e giudicare le fotografie, interpretarne la vicenda storica). Esso appare particolarmente articolato – e in ciò, mi sembra, si apre uno iato tra le pratiche storiche e le costruzioni storiografiche: un varco che il rapporto tra Brecht e la fotografia consente di scorgere da una posizione privilegiata – soprattutto al livello delle molte declinazioni del concetto di "documento" che, in un arco di tempo più o meno ampio a cavallo del '55 (che muta significativamente in rapporto alla prospettiva da cui lo si osserva), si sovrappongono, talvolta contraddicendosi l'una con l'altra.

In questo senso, tale processo di normalizzazione e rivendicazione identitaria si sviluppa su due fronti, complementari ma non sempre coincidenti. Sul versante critico, teorico e storiografico, ciò investe principalmente la natura del rapporto – che Brecht interpreterà soprattutto nelle sue implicazioni politiche e ideologiche, *usando* la fotografia come un banco di prova del suo metodo teatrale – tra le caratteristiche spazio-temporali della situazione osservata e le modalità conoscitive dello sguardo fotografico (intese perlopiù come uno "stile" o un "modo" inedito di rappresentare la realtà amalgamandone elementi oggettivi e soggettivi, in opposizione all'idea ottocentesca secondo cui la fotografia è riproduzione esatta o "specchio" del reale). Reciprocamente, sul versante delle pratiche fotografiche, il graduale definirsi di uno "stile classico di visione" implica da parte dei fotografi l'integrazione dei protocolli di osservazione all'interno di operazioni (più o meno) rigorosamente disciplinate in rapporto agli apparati tecnologici della fotografia, alle sue procedure comunicative, alle sue funzioni estetiche e sociali.

La posizione brechtiana mette in luce lo sfasamento tra i due piani e ne fa emergere alcune contraddizioni.

2. *Il grado zero della fotografia*

I due eventi, la cesura storiografica rispetto al paradigma "classico" e la pubblicazione del volume di Bertolt Brecht, non hanno forse alcuna relazione diretta, ma la coincidenza è assai sintomatica. Sembra soprattutto segnalare, in un singolare e fruttuoso cortocircuito teorico, le ragioni "non dette" delle più influenti definizioni moderne della fotografia (quelle che emergono nel primo trentennio del Novecento, stabilizzandosi appunto come un modello egemone alla metà del secolo), e il retaggio storico implicito o rimosso che permane al fondo di esse.

A partire da una risposta critica a tali formulazioni, in effetti, oggi si definisce la *nostra* concezione della fotografia.

La storiografia tardo-novecentesca, muovendo dal paradigma postmodernista e dal dibattito sulla "fine della storia", si è perlopiù ritrovata nella nozione di fotografia «insicura di sé» (formula con cui Lemagny, ad esempio, definisce il periodo 1950-1980 in contrapposizione alla fase 1930-1950 della fotografia «sicura di sé» – quella da cui attinge Brecht) per connotare una serie di fenomeni interrelati (e alla base della attuale integrazione della fotografia nel sistema dei media) riconducibili appunto alla crisi dei generi fotografici ottocenteschi, dell'epistemologia positivista e realista a essi connessa, e al graduale superamento – grazie a figure *intermedie*, come Sander, o *diverse*, come Atget – delle funzioni istituzionali, delle modalità estetiche e delle sovrastrutture culturali della fotografia storica. Tra i casi tradizionalmente presi in esame dagli storici troviamo un insieme di oggetti testuali dalla natura assai eterogenea, come *Images à la sauvette*, la raccolta di fotografie provenienti da diversi reportage pubblicata da Henri Cartier-Bresson nel 1952; *The Family of Man*, la grande mostra curata da Edward Steichen nel 1955 al Museum of Modern Art di New York (centrale per il nostro discorso, come si vedrà); *Un paese*, il libro sul borgo italiano di Luzzara, che sperimenta moduli conoscitivi di impianto rigorosamente documentario e assai vicini a quelli dell'antropologia visuale[5], realizzato tra il 1952 e il 1955 da Paul Strand in collaborazione con Cesare Zavattini; quello, coevo, altrettanto celebrato ma di opposta impostazione, di William Klein su *New York*, prodotto tra il 1954 e il 1955; *Les américains* il "road book" di Robert Frank che inaugura per certi versi il genere della *street photography*, realizzato tra il 1955 e il 1956 in viaggio attraverso gli Stati Uniti e pubblicato in Francia nel 1958. Simili snodi – e altri, riferibili al medesimo paradigma *testimoniale*, ma declinato secondo logiche visive ogni volta diverse anche in virtù dell'esigenza, sentita in modo sempre più pressante dai fotografi in questa fase storica, di rendere chiaramente riconoscibile il proprio approccio autoriale, di contro all'uniformità e all'anonimato della fotografia di documentazione ottocentesca – sono stati spesso ricondotti, nella critica coeva e nella successiva storiografia, alla dicotomia tra visione documentaria e visione "soggettiva" (questione nodale, nei primi anni Cinquanta, per il tedesco Otto Steinert e gli esponenti della Subjektive Fotografie)[6], eppure tra le due modalità si verificano continui fenomeni di contagio e commistione, e molti tra i fotografi attivi a cavallo tra primo e secondo Novecento si manterranno in bilico tra istanze realiste e surrealiste, formaliste e documentarie, soggettiviste e militanti, perseguendo ricerche difficilmente riconducibili in modo univoco alle suddette categorie storico critiche.

Come sottolinea Georges Didi-Huberman nel suo studio sulla *Kriegsfibel* – al quale, in parallelo con il saggio di Jameson sul metodo brechtiano, la mia riflessione si riferirà ampiamente e piuttosto sistematicamente nelle pagine che seguono: allo scopo di verificarne alcune importanti implicazioni teoriche in rapporto al metodo della storiografia fotografica "ufficiale" – si tratta di una dialettica che emerge dapprima nella critica letteraria e rispetto alla quale la fotografia, in quanto forma storica in cerca di una sua definizione istituzionale, lavora in qualche modo sottotraccia: nel momento in cui György Lukács, alla fine degli anni Trenta, stigmatizzava le tendenze antirealiste della letteratura moderna[7], l'evoluzione dello «stile documentario»[8] in fotografia procedeva inesorabilmente, seppure attraverso esperienze diverse e disarticolate, alla demolizione del mito ottocentesco del "documento" come «riflesso oggettivo» (secondo la stessa definizione di Lukács) del reale. Il movimento della Subjektive Fotografie e la complessa, eterogenea geografia della nuova fotografia «insicura di sé» posteriore agli anni Cinquanta rappresenteranno per la storiografia (che ne celebrerà nei decenni successivi le figure emblematiche: i precursori come Walker Evans e gli innovatori come Robert Frank) l'approdo di questo processo.

Ma la «posizione» di Brecht (uso il termine esattamente nell'accezione politica e ideologica rimarcata da Didi-Huberman) rispetto al problema del realismo fotografico prescinde del tutto dalla vicenda storica della fotografia; egli non si interessa granché ai suoi protagonisti e alle sue mutazioni stilistiche e formali, e (non solo riguardo alla fotografia) si limita a distinguere tra «realismo autentico» e «semplice naturalismo»[9], laddove il primo implica un modello di realtà composito e fondamentalmente letterario, che si definisce nella pratica del montaggio, il secondo una concezione ottocentesca, nominalista e organicista, del reale, come unità data, "naturale" e indivisibile. Brecht aggira – o, più ambiguamente, affronta senza chiarire i presupposti della propria operazione, specie in relazione alle fonti utilizzate, come si vedrà – il problema dell'identità linguistica della fotografia (del *suo modo specifico* di restituire il visibile), al centro della coeva sperimentazione visuale e riflessione storico-critica, e si interessa invece al tema (per noi, oggi, ben più attuale) dei suoi possibili utilizzi storici e politico-ideologici. Il suo disinteresse enuncia così, per paradosso, una posizione implicitamente teorica sulla fotografia: è in questo senso che essa, figlia del Naturalismo, del Positivismo e, soprattutto dal punto di vista di Brecht, del Capitalismo, se usata in modo critico, dialettico, *concreto*, può demistificare ogni concezione organicista e immediata della realtà. Ma come?

La questione del realismo, naturalmente, travalica di molto le diatribe intorno allo specifico fotografico che caratterizzano questa fase della storia della fotografia, e chiama in causa un più generale – e, qui, *specificamente* drammaturgico – problema di metodo. Le ambientazioni brechtiane, scrive Jameson, «sono senza dubbio "irreali" nel senso della realtà storica: ma Brecht ci ha sempre avvertiti [...] che noi in questi casi stavamo pensando ancora troppo al naturalismo e ai suoi ideali di riproduzione fotografica»[10]. Nel suo rapporto con la fotografia Brecht sembra mantenersi astutamente su questo doppio registro: da un lato si rivolge all'immagine fotografica come a un oggetto "ingenuamente" referenziale, riconducibile a ciò che la riproducibilità tecnica, a livello di «senso comune»[11], semplicemente dà a vedere; dall'altro ne allestisce una presentazione non letterale bensì allegorica, "straniata". La fotografia in tal senso – occorrerà tornare più analiticamente su questo punto – non è mai assunta come documento storico in sé e per sé, ma come *strumento di una controlettura della storia* che opera sia sul piano della rappresentazione, del contenuto referenziale dell'immagine, sia sul piano dei suoi presupposti culturali, delle intenzioni che ne guidano le logiche complessive.

Nel fare ciò, rileva Didi-Huberman, «le montage, chez Brecht, apparaît comme un geste dramaturgique fondamental en ce qu'il ne se réduit justement pas au simple statut d'effet compositionnel: il est fondamental parce qu'il fait lever une connaissance spécifique de l'histoire dans ses propres "théâtres" d'opération»[12]. E la fotografia, per Brecht, funge da strumento perfetto per conseguire tale genere di conoscenza storica soprattutto laddove il suo valore d'uso minimo (di mera riproduzione tecnica della realtà) prescinda in sommo grado da generalizzazioni, estetismi, simbolismi, effetti di senso particolarmente marcati ecc. Deve essere, insomma, *semplicemente* fotografia, nel senso più comune e banale del termine. Tale valore va poi *spostato*, e in questo gesto – soprattutto nell'idiosincrasia al senso «ovvio» (con Barthes, via Brecht, come si vedrà) cui si aggancia – si chiarisce sia il ruolo del montaggio, sia la sostanziale diffidenza con cui Brecht osserva la fotografia: diffidenza che diventa un puntello ideologico primario nell'articolazione della *Kriegsfibel*.

Un simile spostamento non implica infatti, come nelle più avanzate riflessioni estetiche e pratiche fotografiche dell'epoca, un diverso pragmatismo dell'«atto» fotografico (ossia del fotografare, nella sua dimensione visuale, conoscitiva e fenomenologica) ma del «fatto» fotografato: di quella cosa massimamente sfuggente, e in fotografia perlopiù indefinibile, che chiamiamo "referente" – ciò che la fotografia, dal canto suo, attesta "malgrado tutto", a monte della sua intenzionalità linguistica e formale. (E quando fotografa o fa fotografare i suoi spettacoli, come nei *Modellbücher*, Brecht si rivela "ottocentesco" rispetto al medium e al suo «modo di produzione», strutturandolo in modo "scientifico", tipologico e seriale – lo scopo è registrare e catalogare "gesti drammaturgici fondamentali" – secondo protocolli tecnici rigidamente predefiniti)[13].

Brecht, senza fare direttamente riferimento alla dimensione inconscia della fotografia, di fatto ne ricava tutto il potenziale significante proprio da lì: dai vuoti, dalle significazioni parassite e surreali, dal non detto che scorre sottotraccia nelle immagini, a fianco o al di sotto della loro “realtà” manifesta.

L’annosa diatriba, filosofica e letteraria, sul reale e sul realismo, è dunque il punto nevralgico – che concerne tanto il problema della rappresentazione della realtà, e della sua utilità sociale, quanto il problema del controllo, *del potere sul reale* sotteso alle diverse strategie di rappresentazione – in cui la fotografia si innesta nel discorso brechtiano. E ciò accade, mi sembra, proprio in virtù della sua molteplicità di forme, della sua polisemia, della natura sfuggente e relativa delle proprie realtà: un genere di equivoci perfetto per essere smontato e rimontato a piacimento, rovesciato e piegato ai più diversi significati. Assumere *la fotografia al suo grado zero*, nella sua forma più ingenua, diffusa ed elementare (come si addice a un abbecedario, del resto) è il presupposto minimo per poterla gestire.

3. *Questioni di lunga data*

Brecht risponde alla fotografia “di massa” dei rotocalchi illustrati con un gesto puramente teorico (per molti versi vicino al metodo dei fotografi concettuali e dei poeti visivi degli anni Settanta del Novecento). Quello dello straniamento (*Verfremdungseffekt*): «in questo consiste l’intero messaggio e l’intero contenuto politico dell’effetto-V, vale a dire nello *svelare* ciò che è stato considerato eterno o naturale (l’atto reificato, con il suo nome e il suo concetto unificanti) come un fatto meramente storico, come una sorta di istituzione che ha avuto origine dalle azioni storiche e collettive delle persone e dalle loro società ed è, proprio per questo, modificabile»[14].

Questa mossa è del tutto coerente col suo metodo teatrale, e massimamente efficace – di un’efficacia che può apparire un po’ cinica – rispetto alla sua idea “minimale” di fotografia. Ma tradisce al tempo stesso una sfiducia di fondo verso altri modelli, e verso gli stessi presupposti linguistici della cultura fotografica coeva: proprio laddove, paradossalmente, essi coincidono col suo metodo o ne confermano le premesse. Secondo le teorie moderniste, infatti, fin dalle prime entusiastiche definizioni dei pionieri delle origini (dunque ben prima che le analisi di Benjamin, Kracauer o Moholy-Nagy rimarcassero questo aspetto) la fotografia, riproducendo l’apparenza “naturale” delle cose, può *rivelarne* il senso profondo. Come accade nel teatro epico, laddove il gesto è al tempo stesso eseguito e citato, mostrato nella sua forma esteriore e decostruito nel suo significato storico, la fotografia può evidenziare lo scarto tra ciò che è riprodotto e ciò che è visibile nell'immagine, e indurre in chi la osserva un misto di stupore e conoscenza.

Muovendo dagli scritti di Benjamin sulla letteratura per l'infanzia, Didi-Huberman ritrova nell'atteggiamento (strumentale e anarchico) dei bambini verso le immagini, la logica del montaggio nei fotoepigrammi brechtiani. Il metodo si basa su un «regard naïf [...] capable de *faire apparaître une causalité* à travers la surface mouvante des choses sensibles»[15]. Altro riferimento chiave è al fenomeno dell'ebbrezza: «Ce qui est en jeu dans la notion d'aura repensée par Benjamin dans le prisme de ses expériences avec la drogue n'est rien d'autre [...] qu'une nouvelle conception de l'esthétique articulée sur le phénomène de l'*ivresse des formes*, ivresse elle-même *expérimentée à même les choses* les plus concrètes, les plus banales, de notre monde environnant»[16].

È il genere di relazione con l'oggetto scopico sperimentata dall'avanguardia fotografica novecentesca, tipicamente dal fotomontaggio dadaista, dalla visione surrealista, dal costruttivismo sovietico, ma anche, su un altro versante, dalla fotografia documentaria più vicina alla Neue Sachlichkeit, e poi dalla Subjektive Fotografie. Ossia, potremmo dire, dalla quasi totalità della cultura fotografica che, nella prima metà del secolo, emancipatasi dal suo retaggio ottocentesco, si opponeva alla riduzione della fotografia al modello egemone del reportage. (Un'eco di questa polemica risuonerà nella "critica della rappresentazione" operata negli anni Settanta dai nuovi autori concettuali, ad esempio da Mulas in Italia, che orienta le sue famose *Verifiche* esattamente in questa direzione, polemizzando contro la tendenza generale verso «una fotografia di rapina, di caccia all'immagine più rara e imprevedibile, per cui il fotografo sarebbe un predatore in continuo agguato»)[17]. Ed è, in fondo, il corrispettivo in fotografia di ciò che Brecht auspicava da drammaturgo: un approccio antimimetico all'immagine, la cui principale strategia consiste nella presentazione straniata, sia in forma «diretta» sia in forma di accostamento simbolico o narrativo, dell'oggetto scopico, che si trova così a essere non semplicemente "rappresentato" (come nelle "ingenue" fotografie del secolo appena trascorso) ma, a seconda dei casi, citato, deformato, astratto, parodizzato ecc.[18].

L'ampiezza dei riferimenti possibili chiarisce come tutto questo discorso rifletta una dialettica storica di lunga data, che travalica di molto il periodo che stiamo trattando. I prodromi di questa nuova facoltà di stupirsi delle relazioni inattese tra le cose vanno individuati, ancora secondo Didi-Huberman, nell'idea baudelairiana di *immaginazione* in quanto «faculté [...] qui perçoit tout d'abord, en dehors des méthodes philosophiques, les rapports intimes et secrets des choses, les correspondances et les analogies»[19]. La citazione proviene dalle *Notes nouvelles sur Edgar Poe*, del 1857. Due anni dopo, Baudelaire pubblicherà la celebre invettiva contro la fotografia, rea appunto di "reprimere" tale capacità di cogliere i rapporti «intimi e segreti» tra le cose.

Nel secolo che separa questo scritto dalla pubblicazione della *Kriegsfibel*, la fotografia non cesserà di opporsi a questa idea, dibattendosi tra le sue funzioni "oggettive" e "soggettive", assumendo un atteggiamento perlopiù conflittuale nei confronti del primato storico e accademico della pittura e tentando di definire un nuovo modello egemone, tanto sul piano estetico quanto su quello epistemico, capace di conciliare le aspirazioni "ideali", creative ed espressive del medium fotografico, e la sua struttura tecnologica di base. La metà degli anni Cinquanta del Novecento rappresenta in effetti il punto critico di tale dialettica. Eppure l'antinomia oggettivo/soggettivo sottesa alla vulgata storiografica novecentesca, al suo modo di considerare e raccontare l'evoluzione storica della fotografia, anziché chiarire le ragioni di fondo di questo processo, rischia di occultarne la complessità. Sul versante "realista", come si vedrà, possiamo infatti trovare posizioni in realtà diversissime e addirittura contrapposte (Evans e Steichen); su quello "soggettivo", tanto la nuova estetica «insicura di sé» di reporter anomali e fortemente sperimentali come Klein e Frank, quanto le ricerche intimiste e un po' metafisiche di Steinert, Siskind ecc.

Vale la pena di riflettere su questa falsa dialettica tutta interna alla storiografia fotografica e che segnala come essa, che proprio in questi anni definisce le categorie critiche della propria *modernità* (un riferimento classico è la *Storia della fotografia* di Newhall, la cui stesura, tra il 1937 e il 1949, è quasi coincidente con l'elaborazione della *Kriegsfibel*) sia in realtà una costruzione ideologica che tende a espungere dal suo campo d'azione ciò che non rientra nelle sue stesse definizioni e nei suoi stessi presupposti. È quanto dimostrano, ad esempio, Hans Rooseboom, Peter Galassi e Geoffrey Batchen riguardo al problema (un vero *casus* brechtiano) dell'origine della fotografia: esso cambia in base alla prospettiva teorica entro cui lo si inquadra[20].

In tal senso, potremmo dire, la strumentalità della posizione brechtiana sulla fotografia è del tutto lecita, ma deve essere esaminata in quanto tale: come un sintomo di altro. Come dice Didi-Huberman, «Benjamin touchait au cœur même de la question qui est la nôtre, à savoir le rapport entre immagination et histoire. L'immagination du *voyant* [...] prend nécessairement appui sur les documents de l'*observateur*, mais elle s'autorise aussi à prendre tout ce matériel historique à rebrousse-poil, désorganisant, joyeusement ou cruellement, ce que suggérait les evidences causales de surface. Il faut des images pour faire de l'histoire, surtout à l'époque de la photographie et du cinéma. Mais il faut aussi de l'imagination pour *revoir les images* et, donc, pour *repenser l'histoire*»[21].

Nelle pagine che seguono tenterò un'anamnesi specialmente di questo aspetto dell'atteggiamento brechtiano – che, mi sembra, anticipa in forma quasi profetica le tensioni e le resistenze ideologiche entro cui oggi la fotografia si dibatte. Vorrei evidenziare come, malgrado le apparenze – ma la storia della fotografia non può che *apparirci* nella prospettiva critica entro cui la collochiamo in relazione a noi – la contrapposizione tra l'idea brechtiana di "realismo" e il modello egemone della fotografia dell'epoca (la "forma-reportage") non implichi affatto differenti posizioni teoriche circa lo statuto dell'immagine fotografica o la sua "unicità" – questa è in fondo la riduzione ideologica fondamentale su cui si basa ogni costruzione storiografica classica sulla fotografia. È il sostrato filosofico della *Kriegsfibel* a premere in questa direzione. Tale dialettica non ha nulla di "essenziale", di "ontologico", ma è storicamente e politicamente fondata sulle due sole possibili strade che in quegli anni sembravano praticabili per uscire dall'incubo della guerra: quella del capitalismo filantropico e quella del comunismo ortodosso. Presa anch'essa in questo gioco, insomma, la fotografia non poteva fornire risposte ai problemi della modernità e del nuovo ordine mondiale, ma solo formulare domande.

È comunque alla metà degli anni Cinquanta che la sua versione "ufficiale", quella cioè di cui gli storici perlopiù si interessano, promuovendone i processi evolutivi e istituzionalizzandone le forme e i modi di produzione, si scinde in due grandi tronconi: i "nuovi osservatori" del reportage e della forma documentaria post-classici[22] e i "nuovi veggenti" che aprono la via al concettuale e alla fotografia *staged* – genere, quest'ultimo, che deriva peraltro dal modello pittorico, pre-fotografico, del *tableau vivant*, al quale l'atteggiamento di Brecht («ossessivamente impegnato negli ultimi anni a fotografare e far fotografare i suoi allestimenti»)[23] si avvicina particolarmente: vi è in questo senso una tensione antimodernista nell'operazione brechtiana, ed è degno di nota che tale modello – oggi riabilitato e rivendicato dalle pratiche postmoderne – riemerga come una reminiscenza proprio a ridosso del periodo di cui ci stiamo occupando, in cui si consuma la rimozione delle pratiche pittorialiste ottocentesche a vantaggio della nozione modernista di "specificità".

4. *Contraddizioni*

La prospettiva brechtiana si chiarifica non poco, avendo cura di mantenere sullo sfondo questi eventi. Ciò che al drammaturgo interessa è, in definitiva, il genere di fotografia che più risponde al «senso comune» dell'epoca. E la osserva da una posizione ben precisa. Se da un lato in Brecht – sia Didi-Huberman che Jameson, a riguardo, si riferiscono strategicamente a *Madre Courage* – i titoli «fanno da tramite fra la grande e la piccola storia, assecondando, in tal modo, un'altra caratteristica indicazione di Brecht: raccontare le esperienze individuali come nei libri viene raccontata la storia»[24], ciò accade in fondo analogamente al modo in cui le fotografie di un reportage sulla seconda guerra mondiale rimandano ai propri contesti referenziali (e negli stessi termini in cui, mentre Brecht lavorava alla *Kriegsfibel*, la *nouvelle histoire* degli Annales riconsiderava il rapporto tra grande e piccola storia)[25]. Il problema è di ordine teorico anche sul versante della specificità fotografica: «le cri immobile et muet de Mère Courage n'est pas moins signifiant qu'une clameur déchirante [...]. Il se présente [...] comme un *cri photographié* ou statufié, c'est-à-dire comme un cri montré dans sa "dialectique à l'arrêt", bref, un cri délibérément exposé dans son *image*»[26].

È il paradosso che Barthes, riferendosi al *Ritratto di Lewis Payne* – uno dei cospiratori coinvolti nell'omicidio di Abramo Lincoln nel 1865 – fotografato da Alexander Gardner mentre attende la propria impiccagione, enuncia come definizione stessa del *punctum*: una sorta di pathos congelato, un'intensità oggi perlopiù cancellata «dall'abbondanza e dalla disparità delle foto d'attualità», ma che «si legge a vivo nella fotografia storica: in essa vi è sempre una compressione del Tempo: è morto e sta per morire»[27]. È, questa, una categoria che, anche nella sua indefinitezza e potenza semantica, può essere accostata al *gestus* brechtiano. La riflessione barthesiana evidenzia in particolare il versante dialogico della temporalità fotografica: ogni fotografia incarna un montaggio di tempi; la sua ricezione implica di per sé un'attività mnestica; il suo «noema», la sua "verità ontologica" («ciò è stato») *produce* una dialettica storica. E non è casuale che essa emerga così potentemente in un ritratto fotografico delle origini. Se è logico, come afferma Didi-Huberman, che Brecht, per fondare la sua drammaturgia anti-aristotelica, abbia dovuto «porter son attention au problème – anthropologique, esthétique, politique – de la *mémoire des gestes*»[28], è anche chiaro come la fotografia gli si presentasse come la prima forma storica capace di consentire tale impresa.

La genealogia di questo rapporto attiene agli utilizzi ottocenteschi del medium e alle relative formulazioni teoriche, come nel caso esemplare della fotografia fisiognomica[29]. Il problema sotteso investe la relazione interno/esterno[30], che è anche il nodo centrale – il *punctum* ontologico, potremmo dire – della coeva Subjektive Fotografie (che contrappone al distacco impersonale, in "terza persona", dell'enunciazione documentaria, un più emotivo rapporto in "prima persona" con l'oggetto dello sguardo) e più generalmente del ritratto fotografico, territorio descritto da Faeta come «il luogo iconico dell'incontro», «un documento creato in una prospettiva intermedia, a metà strada tra le intenzioni e le determinazioni dell'osservatore e quelle dell'osservato»[31], e dove secondo Barthes «la Fotografia» va in crisi (ed è per questo che Brecht le fu ostile) perché può «significare» solo «assumendo una maschera»[32]. (La stessa forma visiva, lo stesso genere, può inoltre implicare diversi modi di produzione: nel caso del ritratto, per quanto riguarda la più celebrata e politicamente impegnata fotografia di questo periodo, ai due estremi dello spettro troviamo forse l'approccio "freddo", analitico perseguito da Sander e quello "empatico", psicologico messo a punto da Cartier-Bresson – e nel mezzo una miriade di intrecci tra interessi estetici e sociologici, storici, antropologici ecc.).

Brecht, rispetto a questo passaggio teorico cruciale, non si pone dal lato del fotografo, ma del medium: non si cura dello stile né del valore soggettivo dell'immagine, neanche laddove – come in molte immagini della *Kriegsfibel*: in primis le celebri fotografie di Robert Capa riprodotte nelle Tavole 49 e 53 – questo non esclude e anzi incoraggia una più ampia e complessa comprensione della realtà osservata. Il riferimento alla figura di Capa, su cui dovrò tornare in modo più analitico, è particolarmente significativo, dato che rimanda a una strategia ben precisa, tipica della drammaturgia brechtiana: Brecht sceglie infatti due immagini molto note e facilmente riconoscibili del fotografo ungherese, allo stesso modo in cui, nella collaborazione con Kurt Weill per i *songs* dei suoi spettacoli, rimanda a generi musicali popolari come il blues e il jazz, e alle canzoni di successo in quegli anni. L'appropriazione di testi attinenti alla cultura di massa, originariamente destinati a una fruizione di tipo non-intellettuale (cabaret, sale da ballo, programmi radiofonici), è finalizzata al loro "straniamento" per mezzo della recitazione e di altre tecniche drammaturgiche capaci di indurre nello spettatore una presa di distanza e, quindi, di consapevolezza critica rispetto al testo. Per quanto concerne il nostro discorso, ciò che sembra attrarre Brecht verso la fotografia, riguarda innanzitutto il funzionamento o la responsabilità dell'immagine – in un senso che è al tempo stesso massimamente concreto e del tutto astratto – all'interno di un contesto politico e ideologico.

Dunque, secondo Didi-Huberman, non l'immagine ma il montaggio delle immagini, non la *forma* visiva ma la *conoscenza* che è implicita nel vedere: «si *voir* nous permet de *savoir* et, même, de *prevoir* qualche chose de l'état historique et politique du monde, c'est que le montage des images fonde toute son efficacité sur un art de la *mémoire*»[33].

Più che come forma di rappresentazione dotata di un intrinseco valore epistemico – di esattezza, chiarezza, fedeltà al referente: quale le veniva attribuito, in virtù di una strana dialettica interna al suo retaggio positivista, tanto a livello di senso comune quanto sul piano dei più avanzati usi documentari dell'epoca – la fotografia è assunta da Brecht come *un modo del discorso*, quasi un genere letterario. Nell'*Arbeitsjournal* (20 giugno 1944) egli definisce *fotoepigrammi* le sue tavole. L'*ecceità* della fotografia, la sua natura al contempo storica e deittica, mnestica e mostrativa – sintetizzata nella definizione barthesiana del suo «noema» – la accomuna in qualche modo, rileva Didi-Huberman, al «carattere portativo» e all'«acuità»[34] della forma epigrammatica o del Witz morale. Tale modo del discorso, specie nei procedimenti dell'avanguardia storica cari a Brecht, si esprime principalmente nelle tecniche del montaggio, attraverso continui slittamenti di significato ed effetti di choc.

Ma il montaggio, l'accostamento delle immagini non è l'unica strada percorribile: lo slittamento semantico può essere *interno* all'immagine, può nascere dalla sua stessa logica. È, questo, uno snodo fondamentale. La nozione benjaminiana, di derivazione psicoanalitica e poi cinematografica, di «choc», è in effetti paragonabile all'idea barthesiana – a sua volta derivata da Freud – di «trauma». Entrambe introducono un principio di *discontinuità* nell'articolazione del senso. Principio antimimetico per definizione, cui non a caso nel lessico della teoria corrispondono i due aggettivi «intellettuale», per il montaggio cinematografico (laddove esso, come accade tipicamente in Ejzenštejn, persegue effetti di pensiero piuttosto che di *mimesis*) e «pensoso»[35], per il genere di intensità contemplativa che può indurre la fruizione di una fotografia.

Questa idea – a sua volta implicitamente brechtiana – pone in secondo piano il problema storico della specificità del fotografico, della sua identità e autonomia, in virtù del fatto che la *Kriegsfibel* è già *in sé* un oggetto fotografico plurale: al tempo stesso una *successione* di tavole autonome, ognuna con una sua logica interna (ossia una cronologia della guerra attraverso pochi, scelti documenti visivi), un *montaggio* di immagini interrelate (un'interpretazione, perlopiù politica o morale, di alcuni suoi episodi e protagonisti), una *struttura* o un campo di relazioni iconiche (un metodo di analisi dell'immagine con precise valenze pedagogiche).

Ma sotto questo aspetto – che implica una rigorosa disciplina epistemologica sia sul versante della teoria della storia sia su quello dell'uso dell'immagine – mi sembra che la fotografia faccia emergere una contraddizione, un nodo irrisolto nell'atteggiamento di Brecht verso i media. Se, come afferma Jameson, al centro del metodo brechtiano vi è il «problema del *medium*, e in particolare del teatro contro il cinema (o della radio contro il video), in quanto forma nella quale il tempo è irreversibile (e nella quale il flusso [...] può essere espresso e rappresentato più adeguatamente)»[36], è utile sottolineare come questa sia una forma di temporalità che trova nella fotografia (e particolarmente nel modello egemone di quegli anni: l'istantanea con valenza testimoniale) al contempo la sua estrema opposizione (ogni flusso è ricondotto a un taglio, a una sezione temporale) e la sua ultima sintesi o "contrazione", dato che in essa ogni operazione formale (ogni atto soggettivo che "ritaglia" un senso nella contingenza) è necessariamente chiusa e definitiva[37]. Tecnica e modalità scopica della *scelta*, che sintetizza un flusso temporale in un oggetto visivo, la fotografia mostra per il suo stesso funzionamento (ogni atto fotografico determina un diverso intreccio tra valenze oggettive e soggettive dell'immagine) che «la realtà è teorica» e che «la teoria è quindi essa stessa un mettere in atto il processo»[38]. Ri-montare la fotografia equivale in tal senso a tradirne lo statuto mediale e ribaltarne il punto di vista storico.

Vediamo dunque in che modo diverse logiche dell'immagine fotografica e concezioni del suo valore d'uso possono implicare opposte teorie della storia.

5. *Responsabilità*

Si tratta di risalire alla radice, al nucleo originario – storico, politico, estetico – delle "tensioni che sfoceranno nella svolta" della metà degli anni Cinquanta. È chiaro che trattandosi di un processo complesso, disarticolato, dove si sovrappongono piani ed eventi diversi e distanti, le periodizzazioni possibili sono molte, e possono disporsi su posizioni ideologiche antitetiche.

Lo scrittore americano Fred Kaplan, ad esempio, individua nel 1959 (l'anno dà il titolo al libro)[39] il punto di svolta di una serie di eventi (guerra fredda, tensioni razziali, minaccia atomica, conquista dello spazio, inizio della rivoluzione informatica ecc. – ma soprattutto, per quanto riguarda il nostro discorso: nuove interrelazioni tra il *discorso estetico* e il *discorso politico*) che contribuiranno a definire l'idea novecentesca di *modernità*. Tutta proiettata in avanti (gli eventi *convergono* verso un punto critico, le tensioni del passato *premono* sul presente per plasmare il futuro), questa analisi rappresenta in fondo l'inverso speculare della lettura brechtiana della storia (dove invece il passato, minacciosamente, *può ripetersi*). Un capitolo, significativamente intitolato *Seeing the invisibile*, ricostruisce la vicenda critica e produttiva dello storico libro di Robert Frank sull'America, edito prima in Francia, nel 1958, come *Les américains*, poi negli Stati Uniti, l'anno successivo, come *The Americans*. Kaplan affronta il problema nei termini di una cronologia. La ricostruzione si apre con l'edizione americana e con una premessa che suona come un'epigrafe: «*The Americans* was like no other photo book ever published»[40]. Prosegue col racconto della realizzazione del lavoro, tra il 1955 e il '56, seguito da una breve digressione su *The Family of Man*, recepito all'epoca come «the model of how photographic art should look and how it should make its viewers feel»[41]. Qui la cronologia si sposta al 1947, anno in cui Frank emigra in America, e poi al 1951, quando Steichen acquista alcune opere del fotografo (svizzero), per una mostra al MoMA sulla nuova fotografia americana e poi per *The Family of Man*: progetto che però Frank considera «repugnantly sentimental»[42], incoraggiato nel giudizio dal suo mentore, Walker Evans, conosciuto nel 1953 e il cui libro *American Photographs* (1938) aveva studiato attentamente nel periodo in cui lavorava a *The Americans*, portandolo con sé in viaggio mentre fotografava con un approccio, una tecnica, uno stile visivo estremamente diversi dal metodo di Evans.

Kaplan legge questa contraddizione nei termini di un processo *evolutivo* che trova al suo interno la propria giustificazione formale: «But Frank parted from Evans in one respect. Evans would compose his shots with fastidious care, waiting sometimes for hours to catch just the right light. The resulting photos were gorgeus, even when the subject was miserabile; the composition's beauty could overwhelm he content's emotional wallop. Frank chose to take pictures *in a way that style matched substance*»[43]. Si tratterebbe dunque di una evoluzione tutta interna alla vicenda dell'estetica modernista – assillata dalla ricerca di una corrispondenza di ordine ontologico tra "forma" e "contenuto" dell'immagine – rispetto alla quale né Evans né Frank (né Steichen) sono estranei: la svolta enunciata nel sottotitolo del libro non si manifesta sotto il segno di una cesura netta, di un "evento rivoluzionario", né di una «sopravvivenza» storica (Benjamin) o del recupero di una forma precedente, ma come una dialettica tra "differenza e ripetizione" scatenata dall'avanzata inesorabile della logica del progresso (estetico, politico, culturale) che risolve ogni contraddizione. Ecco allora che Frank elabora il suo metodo perché nel frattempo ha «internalized»[44] un insieme di stimoli (la poesia della Beat Generation, l'Espressionismo astratto di de Kooning ecc.) e definito il proprio modo di vedere, interessato non più all'ordine ma al disordine del mondo, non più agli istanti "decisivi" bensì ai momenti "intermedi". Dunque il metodo viene descritto nelle sue fasi principali (accumulo, selezione, revisione, taglio delle immagini; montaggio della sequenza narrativa; elaborazione degli apparati testuali – com'è noto molto diversi nelle due edizioni francese e americana) e il capitolo si chiude con una nuova cronologia, quella della fortuna critica dell'opera: le dure contestazioni dei primi anni e l'abbandono della fotografia da parte di Frank intorno al 1959; la riscoperta del libro nel 1968, epoca in cui esso «was *finally* acclaimed as a revelation»[45]; la ripresa di interesse per la fotografia da parte di Frank negli anni Settanta, in un nuovo contesto fortemente segnato dalla sua stessa opera; la celebrazione, nel 2008, dei cinquanta anni dalla prima edizione, con una nuova edizione filologica di *The Americans* e, l'anno successivo, la pubblicazione di una raccolta di saggi accademici sul libro.

Frank era emigrato negli Stati uniti dopo la seconda guerra mondiale; Brecht vi si rifugerà negli anni della trionfale avanzata nazista in Europa. La *Kriegsfibel* ne ricostruisce una sorta di cronologia antistoricista: non una cronaca dei fatti, ma dei sintomi, delle costanti, delle aberrazioni della guerra. Al centro di tutto, il problema metastorico della *responsabilità*[46].

Una delle chiavi di lettura fondamentali dell'analisi di Didi-Huberman, che rifugge anch'esso ogni tentazione cronologica, e soprattutto teleologica, è il tema dell'esilio. Come si sa, Brecht lavora e riflette sull'immagine fotografica, nell'*Arbeitsjournal* e nella *Kriegsfibel*, durante le diverse fasi del suo esilio, in Scandinavia e negli Stati Uniti: le fotografie della *Kriegsfibel* – raccolte perlopiù tra il 1940 e il 1950 – provengono quasi tutte da reportage pubblicati sulla rivista «Life». Didi-Huberman ne sottolinea il ruolo nodale nel capitolo dedicato al montaggio, citando un lungo brano dai *Dialoghi di profughi*, dove Brecht afferma che «la meilleure école pour la dialectique, c'est l'emigration. Les dialecticiens les plus pénétrants sont le exilés. Ce sont les changements qui les ont forcés à s'exiler, et ils ne s'intéressent qu'aux changements»[47]. Naturalmente saranno numerosi, all'epoca, gli artisti che tenteranno di comprendere e rispondere alla «configuration historique nouvelle qui leur avait été durement imposée dès le début des années trente», ma Brecht, secondo Didi-Huberman, «en dépit de ces difficultés [...] sera parvenu à faire de sa *situation* d'exil une *position*, et de celle-ci un *travail* d'écriture, de pensée malgré tout»[48].

Va detto che quella di esiliato, prigioniero o clandestino è una condizione (se il termine può valere in un'accezione intermedia tra "situazione" e "posizione") comune a molti tra i maggiori fotografi dell'epoca. Tanto per fare qualche esempio, è proprio il caso dell'ungherese Capa, tra gli autori di punta di «Life», costretto all'esilio prima in Germania, nel 1931, per il suo coinvolgimento nelle proteste contro il regime del suo paese, poi ancora in Francia, nel 1933, dopo l'ascesa al potere di Hitler. È il caso di Cartier-Bresson, scomparso nel 1943 e reputato morto fino al 1946, ma in realtà catturato dai tedeschi e imprigionato in uno Stalag, da cui riuscirà a fuggire per tornare in Francia ed entrare in un gruppo di resistenza comunista con cui collaborerà come fotografo e cineoperatore durante la liberazione. Non molto diversa la sorte del tedesco Sander, che non subì personalmente l'esilio, ma l'arresto e la morte in carcere del figlio Erich a causa della sua militanza politica di sinistra – e sempre per motivi politici, com'è noto, il suo libro *Antlitz der Zeit*, del 1929 (prima selezione di immagini dal progetto *Menschen des 20. Jahrhunderts*) fu sequestrato dai nazisti nel 1936, e le lastre distrutte.

Gli esempi, naturalmente, potrebbero proseguire a lungo, e altri ne verranno, ma sarebbe riduttivo porre la questione in termini meramente biografici o contingenti. Sotto il profilo della cultura fotografica, delle idee che i fotografi recepivano e diffondevano in quegli anni – su cui si baserà la successiva storiografia – essa interessa in un senso assai più ampio (e assai più teorico) i molti autori che prima, durante e dopo la guerra rivendicarono l'esigenza di sottrarre le proprie immagini alla macchina sempre più invadente e totalitaria della propaganda di stato, o di sovvertirne i meccanismi mediatici.

Didi-Hubermann analizza soprattutto quest'ultimo aspetto del problema, rinvenendo nell'avanguardia tedesca degli anni Venti, nei fotomontaggi e nelle sequenze realizzate con intento di controinformazione proprio a partire da immagini di propaganda, da John Heartfield, Kurt Tucholsky, Ernst Friedrich, i precursori dell'approccio brechtiano al montaggio delle immagini fotografiche. (Tra i precedenti va menzionato anche il libro del 1933 di Edmund Schultz e Ernst Jünger, *Il mondo mutato. Un sillabario per immagini del nostro tempo*: un atlante fotografico del mondo uscito dalla prima guerra mondiale, osservato come un "impero globale" basato sulla fusione di guerra e lavoro)[49].

Ma la via all'epoca indubbiamente più battuta era quella del reportage di impianto militante, tipicamente quello di Cartier-Bresson, che dalla metà degli anni Trenta al primo dopoguerra milita nei circoli comunisti francesi e lavora per diverse riviste di sinistra, realizzando reportage, e poi documentari, il cui intento principale, come ha di recente ricostruito in dettaglio Clément Cheroux, era quello di «opporre una barriera all'ascesa del pericolo fascista»: «per Cartier-Bresson, e secondo la formula del suo amico Tracol, la fotografia era un'"arma della lotta di classe" al servizio della causa rivoluzionaria»[50].

Cheroux interpreta in questi termini anche la decisione di Cartier-Bresson, dopo la guerra, di distruggere parte dei suoi negativi realizzati in quegli anni. Anche in questo caso la data 1955 assume un valore di snodo: generalizzando, inaugura nella storiografia un processo di *rimozione* delle funzioni politiche della fotografia (che invece Brecht include in quelle estetiche, come del resto avevano fatto i fotografi surrealisti, i costruttivisti, i documentaristi sociali ecc.) a vantaggio di quelle formali, artistiche, istituzionali: «In Francia, la prima grande mostra istituzionale di Cartier-Bresson, che si tiene al Louvre alla fine del 1955, precede di pochi mesi la scoperta del rapporto Chruščëv sui crimini di Stalin. Ai due lati dell'oceano, il riconoscimento culturale di Cartier-Bresson si svolge quindi in un clima di maccartismo e destalinizzazione. In un simile contesto, era impossibile ostentare il proprio impegno politico e l'impatto che poteva aver avuto sulle sue immagini. Questo occultamento della politica peserà per molti anni sulla ricezione della sua opera»[51].

In questi stessi anni si faceva sempre più pressante l'esigenza, da parte dei fotografi, di tutelare le proprie immagini dagli usi impropri connessi alla loro riproduzione a stampa, contestualmente a servizi giornalistici capaci di condizionare del tutto l'interpretazione delle fotografie e dunque la loro valenza documentaria. Questa battaglia fu notoriamente uno dei capisaldi dell'agenzia Magnum, fondata nel 1947 da Capa, Cartier-Bresson, David Seymour e George Rodger, e rappresentò nei decenni a venire una delle strade maggiormente battute dai reporter politicamente impegnati, che, si può dire, proprio a partire da essa guadagnarono prima la storicizzazione, negli anni Settanta, e poi la legittimazione estetica, nel decennio successivo, del genere reportage.

Anche in questo caso la vicenda fu complessa e frastagliata, e l'esilio vi giocò un ruolo molto diverso da quello che ebbe nel rapporto tra Brecht e la fotografia. Esso scatenò talvolta una sorta di *regressione* introspettiva e formale, com'era già avvenuto dopo la prima guerra mondiale, ad esempio per il cecoslovacco Josef Sudek, reduce della grande guerra e mutilato di un braccio, che tornato in patria si isolò in una fotografia fortemente lirica e luministica, o per André Kertész, ferito sul fronte russo-polacco, emigrato a Parigi nel 1925, dove diverrà una delle figure di spicco della nuova fotografia modernista e surrealista, per poi emigrare negli Stati Uniti nel 1936, dove si dividerà tra l'impegno professionale per riviste come «Harper's Bazaar», «Vogue», «Look», e la prosecuzione, per molti anni quasi nell'anonimato, delle sue ricerche artistiche.

C'è una *potenza* strettamente fotografica dell'esilio (nel senso del suo potenziale estetico e nel senso filosofico, ontologico, di una modalità dell'atto fotografico) che attraversa tutto il Novecento. Essa segna ad esempio l'esperienza, posteriore alla seconda guerra mondiale, di Josef Koudelka, esiliato a sua volta dopo l'invasione sovietica di Praga dell'agosto 1968, che il fotografo racconta dal punto di vista degli occupati (che è anche il suo personale). Il suo libro del 1988 intitolato appunto *Exils* è imperniato su un montaggio dialettico di forme e situazioni fotografiche, introdotte da un significativo esergo tratto da Victor Hugo: «L'exil n'est pas une chose matérielle, c'est une chose morale. Tous les coins de terre se valent. Tout lieu de rêverie est bon, pourvu que le coin soit obscur et que l'horizon soit vaste»[52]. Nella stessa chiave si può leggere *Chaos* (1999), che interpreta il processo di disfacimento del sistema politico ed economico dell'est europeo post-sovietico attraverso montaggi, giustapposizioni, associazioni e contraddizioni visive (ma con uno stile oggi percepito da molti, curiosamente sia tra i fautori di una fotografia politicamente impegnata, sia tra quelli di una fotografia esteticamente "contemporanea", come *troppo soggettivo* o eccessivamente formalistico per un discorso di impianto documentario).

Ma Brecht non chiede alla fotografia di raccontare, né di interpretare gli eventi storici, e questo disinteresse verso le "ragioni" della storia della fotografia trova riscontro nel suo stesso atteggiamento verso l'immagine negli anni dell'esilio: egli non *produce* fotografie, le *usa*: *non decostruisce la storia attraverso le immagini, ma le immagini della storia*. Per Didi-Huberman il suo approccio conduce fondamentalmente a "prendere posizione", in senso etico e politico, rispetto alle immagini: dunque, in qualche modo, a *fronteggiarle*. Si tratta di un metodo eminentemente visuale che implica una precisa epistemologia delle fonti documentarie: Brecht «ne prenait jamais position sans chercher à savoir, ne cherchait jamais à savoir sans avoir sous les yeux les documents qui lui semblaient appropriés. Mais il ne voyait rien sans *déconstruire* puis *remonter* pour son propre compte, afin de mieux l'*exposer*, la matière visuelle qui avait choisi d'examiner»[53].

Naturalmente questo metodo visuale poggia a sua volta su un metodo teatrale, su una drammaturgia, ma tra i due piani sembra esserci una sorta di circolarità. Secondo Jameson il nucleo filosofico del metodo brechtiano mira al «graduale arretramento della metafisica in favore dell'empirico»[54], il che implica a sua volta una radicale critica della rappresentazione e delle sue categorie (onto)logiche: «questa strategia affronta una situazione nella quale le categorie artificiali dei diversi universali – un gran numero di parole o nomi – sono necessarie per classificare una schiera di realtà radicalmente distinte e per offuscare e occultare la loro differenza. Eliminare i nomi, dunque, diventa una forma di terapia filosofica che promette di ricondurci alla freschezza della cruda esperienza»[55].

Eliminare i nomi, o al contrario, come accade talvolta nella *Kriegsfibel*, ripristinare il *reale nesso* – etico, politico – tra i nomi e le cose. Nella Tavola 4, che raffigura alcuni generali falangisti spagnoli inginocchiati, come su un proscenio, davanti a una folla di fedeli (ma in primo piano si vedono anche fotografi e cineoperatori), si fronteggiano la descrizione e il commento dell'immagine. La didascalia originale: «Il vincitore, generale Juan Yagüe, si inginocchia davanti al suo soglio durante una messa all'aperto nella Plaza de Catalunya di Barcellona. Sullo sfondo l'Hotel Colón. Dietro Yagüe, i generali Martín Alonso, Barrón, Vega» e l'epigramma: «Squillano le campane e le salve esplodono./Ora ringraziate Dio cristiano ed assassino!/Ci ha dato fuoco per attizzare fuoco./Il popolo è plebaglia e un fascista è Dio». Nella Tavola 27, una fotografia di Göring e Goebbels che parlano tra loro, non c'è bisogno di didascalie, basta il dialogo immaginato da Brecht: «"Joseph, lo so, hai detto che io rubo"/– "Hermann, perché dovresti rubare? Sarebbe/

un rischio folle risponderti con un rifiuto./E se l'avessi detto, chi mi crederebbe?"».

Per ottenere dall'immagine fotografica questo «graduale arretramento della metafisica in favore dell'empirico», questo slittamento *dalle categorie generali alle responsabilità individuali*, occorre insomma *appropriarsi della rappresentazione, smitizzarla e rimuovere da essa ogni principio di autorità*. Il che consente di poterne meglio disporre – al di là delle stesse intenzioni e *responsabilità* del fotografo – all'interno di un discorso che è al contempo politico (di controinformazione) e artistico (di avanguardia).

6. *Verità*

È specialmente in questo senso che possiamo leggere l'operazione brechtiana come *un gesto teorico*. La fotografia è trattata da Brecht sia come una "cosa" in sé, un oggetto empirico da utilizzare, sia come un «fatto», un enunciato intenzionale, ossia (con Wittgenstein) come un indice del «sussistere di stati di cose»[56]. Egli aggira il falso problema dell'autorità e mira dritto al punto, al *senso* recepito e al nesso (con Barthes) tra *significato e verità* dell'immagine.

Il riferimento a Barthes non è incidentale. Se già la sua riflessione era entrata nel nostro discorso in virtù di alcune *radicali* contraddizioni teoriche connesse agli usi brechtiani della fotografia, la radicalità di tali contraddizioni si palesa ora più chiaramente nei termini della moderna "critica della rappresentazione". La lezione barthesiana riecheggia ad esempio nel metodo di analisi dell'immagine divulgato da John Berger negli anni Settanta (e incentrato sulla nozione marxista, mediata da Benjamin e Brecht, di «produzione»)[57]: «Noi non guardiamo mai una cosa soltanto; ciò che guardiamo è, sempre, il rapporto che esiste tra noi e le cose. [...] Più radicalmente del dialogo verbale, per sua natura la vista si basa sulla reciprocità. [...] Nel senso in cui usiamo la parola in questo libro, tutte le immagini sono un prodotto dell'uomo. Ogni immagine è una visione ricreata o riprodotta. È un'apparenza, o un insieme di apparenze, isolata dal luogo e dal tempo in cui si è manifestata la prima volta e conservata, per qualche istante o per qualche secolo. Ogni immagine incorpora modi di vedere. *Persino una fotografia*»[58].

L'uso della fotografia in Brecht si rivela a riguardo ben più radicale rispetto all'idea di «produzione». Il problema della riproducibilità tecnica qui non è in alcun modo inteso in senso riduttivo, come nella conclusione del passo appena citato (ossia come un "meno di produzione"): semmai proprio come un *surplus* di produzione, dato che la dimensione produttiva delle immagini è incorporata nella loro stessa conformazione tecnologica e pragmatica. Proprio perché, potremmo dire con un ossimoro, "naturalmente fabbricati", ottenuti mediante una tecnologia che occulta i propri processi produttivi, gli oggetti iconici della riproducibilità tecnica implicano (subdolamente, perché in essi agisce un «inconscio tecnologico» latente, in quanto medium della rappresentazione)[59] l'adesione al sistema allo stesso modo in cui, per la teoria strutturalista, le diverse personificazioni del mito rimandano alla sua struttura astratta[60].

Questa idea enuncia a sua volta una prospettiva storica. L'antinomia benjaminiana contemplazione/distrazione, che illustra la cesura tra rappresentazioni manuali, auratiche e rappresentazioni basate sulla riproducibilità tecnica, implica che il principio della ripetizione meccanica, seriale, dell'oggetto scopico – ossia la sua reificazione in quanto immagine astratta dal proprio contesto, con i relativi effetti di choc – pone l'oggetto scopico in una condizione di non-visibilità. Condizione paradossale (di trasparenza dell'immagine percepita e recepita) perché la sua intelligibilità è una funzione inversa della sua esposizione mediatica.

Il problema, per Brecht e i suoi eredi, non è solo formale – non riguarda, cioè, solo il piano dei "modi di vedere", ossia dello sguardo in quanto struttura culturale incorporata basata sulla reciprocità tra percezione e ricezione dell'immagine – ma *morale*. La posta in gioco è il giudizio sulla rappresentazione e dunque, reciprocamente, l'*autorità* che una data cultura le attribuisce in quanto prodotto dello sguardo umano.

Tale autorità si gioca non tanto a livello di ciò che è rappresentato nell'immagine (del suo referente), né, tantomeno, ha a che fare con il valore formale della rappresentazione. Essa concerne in primo luogo ciò che viene *fatto* (ossia detto, asserito) con l'immagine: dunque *l'uso della rappresentazione* o, più precisamente, la sua «usabilità». Questa categoria, esposta da Martin Heidegger nel saggio *L'origine dell'opera d'arte*, contribuisce in effetti a illuminare l'aspetto più ambiguo e sfuggente dell'atteggiamento brechtiano verso il «fotografico», soprattutto nella misura in cui consente di inscrivere tale atteggiamento all'interno di una più ampia e generale concezione estetica – che investe innanzitutto il nesso tra arte, mimesi e verità storica – *rispetto alla quale la fotografia si configura al tempo stesso come mezzo e come bersaglio*. Brecht opera cioè sulla fotografia per ricavarne una "negazione linguistica" di se stessa – tenterò di precisare meglio questa idea nella seconda sezione del testo

– e ribaltarne di conseguenza la prospettiva storica. Nel fare ciò, egli tradisce il mezzo nel momento stesso in cui, diciamo così, ne coglie l'essenza (qui nel senso barthesiano di «noema» o "pensiero di ciò che *è stato*").

Come scrive Heidegger, nell'opera d'arte «L'esser-mezzo del mezzo consiste nella sua usabilità» e «In questa usabilità si fondano tanto il genere di forma quanto la scelta della materia adatta, e con ciò il predominio della connessione di materia e forma». La posta in gioco è la *verità storica* dell'opera: «Muovendo dalla definizione dell'opera come storicizzarsi della verità in opera, possiamo caratterizzare il fare artistico come un lasciar-venir-fuori qualcosa come prodotto [*hervorgebrachtes*]. Il divenir-opera dell'opera è una maniera del divenire e dello storicizzarsi della verità», ma «La verità non può mai esser letta presso ciò che è semplicemente-presente e abituale. [...] Ogni arte, in quanto lascia che si storicizzi l'avvento della verità dell'ente come tale, è nella sue essenza Poesia [*Dichtung*]». In una *aggiunta* posteriore alla prima edizione del saggio, il filosofo rimarca poi come «Questo complesso di problemi di grande importanza si raccoglie attorno al vero e proprio nocciolo della questione che si trova là dove si discute dell'essenza del linguaggio e della Poesia, sempre in riferimento all'appartenenza reciproca dell'essere e del dire»[61].

La principale conseguenza di tutto ciò, per il nostro discorso, può forse essere sintetizzata in questa paradossale affermazione: *la verità di una fotografia non ha a che fare con il mostrare (o il guardare), ma con il dire*. La *Dichtung*, qui, non riguarda però la fotografia – *Brecht non produce fotografie* – ma il suo uso. Lavorando sul linguaggio, Brecht *stabilisce una distanza* che opera a livello semantico come negazione della "verità dell'immagine" (del suo senso letterale). La parola poetica situa cioè il lettore del testo "a una certa distanza" dalla rappresentazione – quella della *sua* verità – e al tempo stesso sconfessa la rappresentazione in quanto verità "in sé". Il testo, più precisamente, delimita i confini dello sguardo situandolo nello spazio logico: *produce uno spettatore decentrato*.

L'impianto della *Kriegsfibel* richiede a riguardo una distinzione tra contenuto e medium della rappresentazione. Se il giudizio morale di Brecht sulla guerra (oggetto del discorso) è inequivocabile, la sua posizione rispetto alla fotografia (medium del discorso) appare più ambigua. Che genere di immagini sceglie? E perché? Se è facile circoscriverne il campo d'azione in funzione di ciò che rappresentano (come commenta Didi-Huberman, «On voit surtout dés états du peuple et des gestes d'urgence en temps de guerre. On voit des images de la politique et non des icônes politiques»)[62], ben più problematica appare la determinazione dei loro obiettivi e del loro modo di produzione: le fotografie chiamano sì evidentemente in causa diversi ambiti discorsivi (cronaca politica, propaganda, documentazione, reportage militante, attualità, pubblicità) ma nessuna di esse, come sappiamo, enuncia realmente le proprie ragioni e motivazioni contestuali. Né è chiaro come si pongono a loro volta quelle immagini rispetto alle istanze critiche della fotografia dell'epoca, dal momento che sia le associazioni di montaggio sia i commenti sembrano indistintamente contestarle e volerne ribaltare del tutto il senso (sotto questo aspetto non c'è differenza, ad esempio, tra le immagini di Capa, i ritratti ufficiali dei gerarchi nazisti, le anonime fotografie aeree di città bombardate).

Brecht pone il lettore-osservatore della *Kriegsfibel* di fronte a un sistema testuale tanto aperto ed eterogeneo sul piano delle forme iconiche e delle modalità discorsive dell'immagine (ma ridotte al minimo comune denominatore dell'"istantanea" da rotocalco), quanto univoco e stringente sul piano del giudizio politico e morale sui fatti in questione. Sotto questo aspetto coglie – e usa, volge al suo scopo, che è fondamentalmente di contropropaganda – la fase nascente, le prime manifestazioni di un processo di regolarizzazione e omologazione dell'immagine fotografica destinato a rapida accelerazione negli anni a seguire: quello stesso processo rispetto al quale Benjamin aveva indicato, come possibile antidoto, la produzione di alcuni fotografi attivi a cavallo tra XIX e XX secolo, come Blossfeldt, Sander, Atget, atipici per statuto sociale e modalità produttive rispetto alle funzioni istituzionali che la propria epoca aveva assegnato alla fotografia (fotografi inoltre assai influenti sulla generazione successiva di documentaristi sociali e reporter politicamente impegnati, che a tale deriva tenteranno di opporsi).

Ma diversamente da come, per altri versi, possiamo riconoscere lo stesso atteggiamento militante in Benjamin, l'uso che Brecht fa della fotografia della propria epoca è di confutarne le ragioni di fondo: ne fa emergere, straniandola sui due fronti del montaggio e della didascalia, la negazione di se stessa in quanto *forma storica dell'oggettività*. Il suo uso della fotografia si basa sul riconoscimento in essa di una soglia, di un *punctum* che resiste al senso ovvio. La rappresentazione, di conseguenza, non potrà chiudersi né in un semplice contenuto referenziale o simbolico (ad esempio quello suggerito dal trattamento giornalistico dell'icona, che talvolta interviene nella *Kriegsfibel*, ma incorniciato, *incluso* in un discorso che, mentre lo cita, sembra volerlo mettere *all'indice* stigmatizzandone la banalità strumentale) né in un mero principio formale.

Semmai è la forma, la pura bellezza a dover fare i conti con le ragioni della *Kriegsfibel*. Come nella Tavola 37, «Africa», dove il ritratto di una giovane donna di colore a seno nudo, ripresa con un'inquadratura dal taglio *straight* e vagamente astratto nei giochi di luce, è accompagnato dall'epigramma: «Per te, bella creatura, i padroni vengono alle mani,/ e furiosi si fanno le scarpe a vicenda./ Ognuno si vanta più esperto nello sfruttarti/ e più in diritto di farti violenza». Il medesimo giudizio, che si palesa nello scarto tra la "bellezza" enunciata nella rappresentazione e il discorso di fondo, preme ad esempio nella Tavola 3, dove coesistono una giovane bagnante e le tracce di morchia sui suoi piedi, sintomi delle navi da guerra affondate. O nella Tavola 28, che sintetizza il concetto con i volti ispirati di Göring, Hitler e Goebbels a Bayreuth durante una rappresentazione wagneriana. Brecht usa la fotografia come uno snodo tra diversi regimi scopici e ambiti discorsivi e per fare questo ne decostruisce sistematicamente le valenze referenziali. La sua diffidenza verso il documento fotografico ha (implicitamente) anche a che fare con il formalismo e la tendenziale autoreferenzialità della "nuova visione", specie nella sua accezione più rigidamente *straight*. Ossia con la riduzione modernista di "forma" e "contenuto" a un mero epifenomeno della tecnica fotografica[63].

Questa dicotomia, che investe un nodo teorico profondo del «fotografico», sembra riproporsi a un livello ulteriore nella situazione contemporanea. L'attuale *iconizzazione* della fotografia (della sua storia, della sua stessa *storicità*), scatenatasi in conseguenza della tanto celebrata rivoluzione digitale, rivela per molti versi un movimento di neutralizzazione del suo potenziale politico e morale: la sua *chiusura* in una falsa dialettica di forme sempre meno capaci di agire concretamente sulla realtà. È un movimento inverso a quel processo di «politicizzazione dell'arte» che Benjamin auspicava nel saggio sulla riproducibilità tecnica in risposta alla dilagante «estetizzazione della politica» ad opera delle ideologie totalitarie. (Ma se la storia si ripete, può accadere che la fotografia le risponda con un gesto reminiscente e decostruttivo, ancorché ambiguo. Una recente operazione dei due artisti londinesi Adam Broomberg e Oliver Chanarin è in effetti descrivibile proprio nei termini di tale dialettica tra differenza e ripetizione: nel libro *War Primer 2* essi realizzano un *remake* della *Kriegsfibel* nell'era del nazismo postmoderno, appropriandosi della sequenza brechtiana e sovrapponendo alle fotografie storiche nuove immagini – ma le didascalie restano quelle originarie – relative alla cosiddetta *war on terror* scatenatasi dopo l'11 settembre 2001)[64].

Susan Sontag ha affrontato il problema in un cruciale saggio sul nesso tra fotografia e guerra, *Davanti al dolore degli altri*, che rappresenta in un certo senso, sotto il profilo della ricezione dell'immagine fotografica, *l'altro versante* dell'operazione messa in atto da Brecht[65]. A fronte dell'analisi brechtiana, che si rivolge a un bacino più ampio possibile e specialmente, per esplicita dichiarazione di intenti, proprio agli *analfabeti* della fotografia, esso è rivolto infatti ai fotografi (soprattutto ai reporter) e al pubblico moderno della fotografia, sempre più smaliziato, tecnicamente specializzato e orientato verso precisi generi e settori di immagini. Se lo scopo della *Kriegsfibel* era – come scrive Ruth Berlau nell'esergo del libro – quello di «insegnare l'arte di leggere le immagini» in una fase storica, la metà del Novecento, in cui esse si sono ormai trasformate in «geroglifici» indecifrabili, del tutto funzionali a quell'occultamento dei «nessi sociali» perseguito dal capitalismo, il saggio di Susan Sontag intende esortare, nei primi anni del nuovo secolo e in uno stadio evolutivo del nuovo ordine mondiale ben più avanzato (e quantomeno altrettanto preoccupante), a non smettere di guardare le immagini del male, a dare loro fiducia, testimoniando attraverso di esse, producendone e diffondendole ogni volta che si renda necessario guardare in faccia la realtà e, per dirla ancora con Didi-Huberman, prendere posizione rispetto a essa.

L'atteggiamento è speculare, e in questa specularità è possibile intravedere una dialettica storica molto precisa. Sontag, nell'epoca dei simulacri e della crisi della storia, teme che si possa cessare del tutto di interessarsi a ciò che le immagini del male, semplicemente e *direttamente*, ancora testimoniano. Brecht, nell'epoca dalle "magnifiche sorti e progressive" della *concerned photography* e della fotografia umanista, non crede nell'utilità delle immagini della guerra o della miseria, ne smaschera la retorica, ne distilla il potenziale straniante.

Il suo metodo implica una sorta di astuzia del caso – specialmente la lenta accumulazione-composizione di *objets trouvés* ha qualcosa di duchampiano. È (paradossalmente) un gioco a suo modo molto fotografico, dello stesso genere che i surrealisti chiamavano "magico-circostanziale" (e che Cheroux ritrova in certe immagini di Cartier-Bresson imperniate su «associazioni di significato, analogie intuitive, effetti di montaggio»)[66]. Immagini *stranianti* che abitano uno strano territorio di confine – né propriamente documentale né propriamente soggettivo – tra la forma delle cose, i referenti "esterni" della fotografia, e le forme del vedere, le sue connotazioni mostrative («il significato di connotazione – avverte Barthes – è letteralmente un *indice*: addita ma non dice; quello che addita è il nome, è la verità come nome; è a un tempo la tentazione di nominare e l'incapacità di nominare»)[67].

Brecht nella *Kriegsfibel* ha dunque in mente una precisa idea di immagine, in bilico tra referenzialità e ambiguità e agli antipodi del formalismo estetico della fotografia *straight* e "soggettiva" (che si affaccia invece nell'*Arbeitsjournal*). Tale formalismo estetico, in autori come Weston, Stieglitz, Strand, Renger-Patzsch ecc., insisteva su una variante tecnica – tipicamente, l'enfasi sul *taglio* dell'immagine e sul suo potere di «autonomizzazione» formale dell'inquadratura – di quello che Jameson ritiene un principio centrale in tutto il modernismo, in base al quale «gli episodi di una narrazione – spezzettata nei più piccoli segmenti – tendono ad assumere un'indipendenza e un'autonomia propria»[68]. Rosalind Krauss ha evidenziato come nella fotografia degli anni Venti e Trenta del Novecento il taglio dell'immagine assolva in particolare a una funzione ontologica e metalinguistica basata sul riconoscimento del fatto che «se la fotografia riproduce sì il mondo, lo fa però per frammenti»[69]. Una funzione di "risemantizzazione" del reale che si contrappone con forza al «potere del centro»[70] che connota il regime scopico della fotografia ottocentesca (specie nelle sue declinazioni positiviste, perlopiù identificatorie e catalogatorie). In termini puramente visuali, quest'ultima è *nominalista* – nel senso, tipologico e generalizzante, che Jameson attribuisce al retaggio metafisico delle estetiche moderniste – nella misura in cui isola e identifica l'oggetto referenziale a partire da categorie preesistenti (epistemologiche, culturali, storico-artistiche ecc.).

La "nuova visione", però, non è solo un fatto formale. Nelle sue declinazioni più dense di implicazioni politiche e psicologiche, ad esempio nella Neue Sachlichkeit o nel Surrealismo, questa capacità di mostrare, analizzare, autonomizzare, esprime anche un preciso *gestus* del «fotografico». Semioticamente, definisce la sua *ecceità*, la sua natura di indice puntato sul referente: qualcosa di fondamentalmente tautologico che sconfessa ogni analisi metalinguistica o idea di forma in quanto tale. È il principio di *singolarizzazione*, teorizzato da Chklovski, dialettico e paradossale per definizione perché dà «l'accès à une nouvelle forme d'observation des choses, à une acuité plus grande devant le réel, mais son effet sera d'"obscurcissement", d'étrangeté»[71].

Sotto questo aspetto la fotografia *straight* e soggettiva lavora nella direzione opposta a quella auspicata da Brecht: il peperone di Weston "oscura" la natura reale (empirica, economica) dell'oggetto scopico, piuttosto che "chiarirla"; *lo pone in una nuova luce* che riflette più gli interessi formali e i processi mentali del fotografo che la situazione cui l'immagine si riferisce[72]. Oltre l'intenzione formale e mimetica della rappresentazione, è la stessa pragmatica dell'atto fotografico a perseguire tale rovesciamento di prospettiva, dalla realtà esterna a quella interna, delle "cose" alle operazioni che consentono di tradurle in una forma *specificamente* fotografica. In un senso più ampio, tutta l'estetica fotografica classica *è* metalinguistica (parla, cioè, della forma del suo stesso "guardare"), nella misura in cui svaluta l'oggetto scopico (tutto è fotografabile) e si basa su operazioni incentrate sul controllo della tecnica (previsualizzazione, sistema zonale, "errori fotografici" ecc.), ossia su una sorta di inconscio tecnologico emerso alla coscienza, che produce uno straniamento meccanico della visione.

Agli antipodi di questa idea, c'è lo straniamento brechtiano, che non interviene mai sulla forma *in sé* dell'immagine – sulle sue "proprietà" ontologiche – ma sul modo che essa ha di ricondurre al senso: «La distanciation se trouve, en effet, au principe même du formalisme révolutionnaire par exellence, le formalisme russe»[73]. La *Kriegsfibel* elude per forza di cose, per strategia programmatica, l'idea di una specificità fotografica in grado di "creare" valore (estetico o morale), e nega – il che è in fondo la stessa cosa – ogni possibile cooperazione tra funzioni estetiche e valenze conoscitive della riproducibilità tecnica. La sua posizione storica segnala in tal senso il punto di rottura, o di collasso, di quello che oggi, in retrospettiva, ci appare come il fondamentale presupposto epistemologico e identitario della fotografia storica. Con la *Kriegsfibel*, implicitamente e paradossalmente, il problema del valore documentario della fotografia cede il passo al tema postmodernista del "diluvio delle immagini", dal momento che (chiudendo il cerchio) «Un'immagine vera *a priori* non v'è»[74].

1. Esso raccoglie, integra e sviluppa due principali nuclei di riflessione, corrispondenti alle sezioni del volume e incentrati sui versanti storico e teorico del problema. I materiali sono stati elaborati a più riprese nell'arco del 2014. Parti del libro compaiono, come saggi dall'orizzonte più specifico, negli atti del convegno *Bertolt Brecht e la fotografia*, tenutosi presso la Sapienza Università di Roma il 26 e 27 settembre 2013, e in due riviste scientifiche, di studi teatrali e di studi fotografici. Cfr. Giacomo Daniele Fragapane, *Qualcosa di vero. La* Kriegsfibel *tra storia della fotografia e teoria della storia*, in Francesco Fiorentino, Valentina Valentini (a cura di), *Brecht e la fotografia*, Bulzoni, Roma 2015; Id., *Brecht, la fotografia e la guerra (una teoria negativa)*, in «Ariel», n. 5-6, gennaio-dicembre 2013, numero monografico su Brecht; Id., *La* Kriegsfibel *di Bertolt Brecht, una teoria negativa*, in «Rivista di Studi di Fotografia», n. 1, 2015 (rivista della SISF, Società Italiana per lo Studio della Fotografia; testo sottoposto a processo di certificazione scientifica *double blind peer review*). Alcuni aspetti del testo sono stati presentati e discussi nell'ambito di un seminario per il Dottorato di ricerca in Musica e Spettacolo della facoltà di Lettere e filosofia, e nel convegno *Etica e fotografia* (14 novembre 2014), sempre alla Sapienza. Diversi spunti sono da ricondurre a scambi informali avuti con i primi lettori del manoscritto (di cui faccio menzione nei ringraziamenti). In queste occasioni, ho cercato di rendere teoricamente produttivo un assunto brechtiano centrale, cui faccio riferimento nella parte conclusiva del testo, in base al quale la politica è "l'arte di pensare con la testa degli altri". Anche nell'analisi delle fotografie riprodotte nella *Kriegsfibel*, e nell'articolazione di altri casi di studio presi in esame, ho cercato, per quanto umanamente possibile, di non ridurre il materiale esaminato a una "tesi", ma di giocare di sponda, procedendo su più piani, confrontando interpretazioni diverse e verificandone il posizionamento – metodologico, ideologico, estetico – in rapporto all'operazione brechtiana nel suo complesso.

2. L'edizione su cui ho lavorato, è quella italiana pubblicata da Einaudi nel 1972 col titolo *L'abicì della guerra*, diversa dall'edizione originale per alcuni aspetti grafici piuttosto significativi (le pagine bianche al posto di quelle nere volute da Brecht, l'impaginazione di didascalie ed epigrammi) ma non, in linea di massima (tenterò di rendere conto di alcune eccezioni), per le immagini, i testi e la logica della sequenza visiva. Per la vicenda editoriale della *Kriegsfibel* e i suoi rapporti con il genere del fototesto letterario cfr. Michele Cometa, Kriegsfibel. *Per una definizione del fototesto novecentesco*, in Francesco Fiorentino (a cura di), *Brecht e i media*, Istituto italiano di studi germanici, Roma 2013.

3. Secondo Krauss si tratta di uno sviluppo tutto interno alla vicenda storica del Modernismo, dove la fotografia, a partire dal tardo XIX secolo, assume tratti metalinguistici e autoreferenziali via via più spiccati. Cfr. Rosalind Krauss, *Le Photographique* (1990), uscito in Italia con il fuorviante titolo: *Teoria e storia della fotografia*, Bruno Mondadori, Milano 1996.

4. Questa formula, e l'idea di fotografia che la sottende, incentrata sulla capacità dello *sguardo fotografico* di restituire il senso dell'oggetto osservato, plasmandone la forma e la struttura, investe in questa fase gli sviluppi più innovativi della fotografia artistica e documentaria, ma ne influenzerà progressivamente anche le pratiche diffuse a livello di massa. Tra le sue prime apparizioni, quella nella storica postfazione di Lincoln Kirstein ad *American Photographs* di Walker Evans: «Although the camera is a machine and photography a science, a large element of human judgment comes into the process, amounting to creative selection. For lack of a better term we can call this the photographer's eye, his personal vision or unique attitude». Lincoln Kirstein,

Photographs of America: Walker Evans, in Walker Evans, *American Photographs* (1938), The Museum of Modern Art, New York 1988, pp. 189-190. La sua fortuna sarà eccezionale e di lunga durata. Essa riecheggia ad esempio sia nel titolo di una famosa e influente mostra curata da John Szarkowski nel 1966 (*The Photographer's Eye*) sia in quello di un altrettanto noto manuale tecnico per principianti pubblicato da Andreas Feininger nel 1973 (*Photographic Seeing*).

5. Cfr. Francesco Faeta, *Dal paese al labirinto. Considerazioni intorno all'etnografia visiva di Ernesto de Martino*, in Id., Clara Gallini (a cura di), *I viaggi nel Sud di Ernesto de Martino*, Bollati Boringhieri, Torino 1999; Francesco Faeta, *Il sonno sotto le stelle. Arturo Zavattini, Ernesto de Martino, un paese lontano*, in Id., *Fotografi e fotografie. Uno sguardo antropologico*, Franco Angeli, Milano 2006.

6. Con questo titolo usciva nel 1952 la nota antologia sulla nuova fotografia europea curata da Steinert, *Subjektive Fotografie*, Bruder Auer Verlag, Bonn-Rhein 1952. Nello stesso periodo il fotografo, già molto attivo fin dal decennio precedente, organizzava una serie di mostre allo scopo di diffondere la sua idea di una fotografia di impianto realista ma fortemente connotata in senso stilistico e creativo, che si riallacciava all'esperienza di *Film und Foto* (1929) e allo sperimentalismo avanguardista del periodo tra le due guerre, rifiutando una concezione "puramente meccanica e riproduttiva" del mezzo. Tra i fotografi che orbitarono nell'area delle proposte di Steinert ci furono alcuni tra i principali esponenti della cultura fotografica degli anni Cinquanta, come Hausmann, List, Brandt, Penn, Brassaï, Adams, Bullock, Callahan, White, Siskind. Molti di essi si erano formati alla scuola dei grandi maestri della Straight Photography. Sotto questo aspetto la Subjektive Fotografie – da alcuni, nel nostro paese, chiamata anche "realismo lirico" – rappresentava un deciso ritorno indietro, quasi una battuta d'arresto rispetto alle esperienze americane ed europee da cui discendeva in linea diretta (e che per molti versi invece proseguiva). In Italia aderirono, in modo più o meno deciso, fotografi di ascendenza formalista, come Cavalli, ma anche autori attivi nell'area neorealista, come Monti, Giacomelli, Roiter. Riguardo alla situazione italiana dell'epoca, con specifico riferimento alle rappresentazioni fotografiche della Sardegna, rimando ai miei saggi: Giacomo Daniele Fragapane, *Arcaismi/modernismi. La Sardegna nella fotografia del secondo dopoguerra*, in Aa.Vv., *La fotografia in Sardegna. Lo sguardo esterno. Gli anni del dopoguerra*, Ilisso, Nuoro 2009; Id., *L'isola del dissenso. La Sardegna nelle strategie documentarie, tra modernità e postmodernità*, in Aa.Vv., *La fotografia in Sardegna. Lo sguardo esterno. 1960-1980*, Ilisso, Nuoro 2010. Per una analisi di impostazione fenomenologica sulla relazione soggetto/oggetto nella Subjektive Fotografie cfr. James R. Hugunin, *Subjektive Fotografie and the Existentialist Ethic*, «Afterimage», January 1988, successivamente rivisto e pubblicato in rete all'indirizzo: http://issuu.com/bintphotobooks/docs/subjektivefotografie.

7. Georges Didi-Huberman, *Quand les images prennent position. L'œil de l'histoire, 1*, Minuit, Paris 2009, p. 108. Il riferimento è a Joyce, Kafka, Beckett.

8. Cfr. Olivier Lugon, *Lo stile documentario in fotografia. Da August Sander a Walker Evans. 1920-1945* (2001, *Le style documentaire. D'August Sander à Walker Evans. 1920-1945*), Electa, Milano 2008.

9. Georges Didi-Huberman, *Quand les images prennent position*, cit., p. 111.

10. Fredric Jameson, *Brecht e il metodo* (1998, *Brecht and Method*), Cronopio, Napoli 2008, p. 182.

11. Cfr. Pierre Bourdieu (a cura di), *La fotografia. Usi e funzioni sociali di un'arte media* (1965, *Un art moyen*), Guaraldi, Rimini 1972.

12. Georges Didi-Huberman, *Quand les images prennent position*, cit., p. 79.

13. Cfr. Valentina Valentini, *Truth is Concrete: la fotografia per rifondare la pratica teatrale*, in Francesco Fiorentino, Valentina Valentini (a cura di), *Brecht e la fotografia*, cit. Riguardo ai *Modellbücher*, è particolarmente sintomatico, e ampiamente studiato, il caso della riscrittura in chiave moderna dell'*Antigone* di Sofocle, *Die Antigone des Sophocles*, dramma scritto da Brecht nel 1947, dopo l'esilio americano, e messo in scena l'anno successivo. Qui, com'è noto, a partire dalla traduzione poetica di Hölderlin del testo greco, dalla sua ricerca di un *Ursprache* ("linguaggio originario") comune a tutte le lingue, e ricorrendo all'utilizzo sistematico di titoli, cartelli e didascalie – ossia di una costante dialettica tra testo e immagine, "modello" e "rappresentazione" – Brecht sposta in epoca nazista, e in una chiave politico-militante di radicale critica della guerra e del potere, i temi e i personaggi del mito. Il dramma costituisce un primo banco di prova per l'elaborazione della figura di *Madre Courage*, nella quale, come si vedrà, la dimensione «fotografica» assume un ruolo cruciale. Cfr. Bertolt Brecht, Caspar Neher, Ruth Berlau, *Antigonemodell 1948*, Weiss, Berlin 1949 e Henschelrerlag Kunst und Gesellshaft, Berlin 1955.

14. Fredric Jameson, *Brecht e il metodo*, cit., p. 68.

15. Georges Didi-Huberman, *Quand les images prennent position*, cit., p. 217.

16. Ivi, p. 226.

17. Ugo Mulas, *Le verifiche*, in Id., *La fotografia*, a cura di Paolo Fossati, Einaudi, Torino 1973, p. 146.

18. Sugli «effetti disorientanti» (p. 171) della fotografia surrealista cfr. Rosalind Krauss, *Corpus delicti*, in Ead., *Teoria e storia della fotografia*, cit.

19. Georges Didi-Huberman, *Quand les images prennent position*, cit., p. 246.

20. Accosto volutamente posizioni storiografiche simili per alcuni versi (soprattutto per l'intento di riformulare dalle fondamenta il problema delle origini, e per l'impianto visuale della riflessione) e che divergono per altri (i casi presi in esame, le interpretazioni degli stessi, le tesi generali proposte). Nell'incipit dei tre scritti è delineato il campo d'azione. Per Rooseboom, il dibattito storiografico sulle origini fu innanzitutto influenzato da «strong emotions and feelings of national (or even local) pride»: il problema è dunque preliminarmente cronologico e nazionale. Hans Rooseboom, *What's Wrong with Daguerre. Reconsidering Old and New Views on the Invention of Photography*, Nescio, Amsterdam 2010, p. 5. Galassi parte dal presupposto che, nella gara per l'invenzione della fotografia, «l'identità del vincitore e la data in cui collocare l'invenzione si possono decidere soltanto dopo aver stabilito quale caratteristica del procedimento fotografico debba essere considerata prioritaria». Peter Galassi, *Prima della fotografia. La pittura e l'invenzione della fotografia* (1981, *Before Photography: Painting and the Invention of Photography*), Bollati Boringhieri, Torino 1989, p. 15. Batchen si propone a sua volta di «rewrite the traditional history of photography's origins» esaminando «a large amount of information about photography's earliest experimenters and their milieus» e decostruendo alcune posizioni sulla fotografia, che definisce *revisioniste*, «incorporated into a wider critique of modern cultural and social systems that has come to be know as postmodernism». Geoffrey Batchen, *Burning with Desire. The Conception of Photography*, The MIT Press, Cambridge, Massachusetts-London, England 1997, pp. VIII, 4.

21. Georges Didi-Huberman, *Quand les images prennent position*, cit., p. 250.

22. Definizione che riecheggerà ancora in una nuova ondata realista, posteriore di circa un ventennio al nostro punto di snodo, con la mostra *New Documents*,

curata da John Szarkowski nel 1967 e in stretta relazione con la già menzionata *The Photographer's Eye*, dell'anno precedente. Vedi *supra* e nota 4. Come già rilevava Costantini, i due eventi prefigurano la stagione del "vedutismo sociale" inaugurata a Rochester nel 1975 con la mostra curata da William Jenkins, *New Topographics: Photographs of a Man-altered Landscape*. Ciò che si delinea in questo passaggio è in fondo un diverso, inedito rapporto tra storia della fotografia e teoria della storia: «Quando ci si deciderà a valutare con analisi approfondite il lascito di questo decisivo momento autoriflessivo al dibattito fotografico internazionale, forse ci si accorgerà che i suoi effetti sono stati quelli di produrre una frattura storica che ha posto, irreversibilmente, la fotografia di fronte alle problematiche del moderno». Paolo Costantini, *Identificazione di un paesaggio*, in *Dialectical Landscapes. Nuovo paesaggio americano*, Electa, Milano 1987, p. 13.

23. Luca di Tommaso, *Il* Gestus *tra i* media. *Teatro e fotografia teatrale*, in Francesco Fiorentino (a cura di), *Brecht e i media*, cit., p. 111.

24. Fredric Jameson, *Brecht e il metodo*, cit., p. 65.

25. Antonella Ottai inquadra la questione all'interno del dibattito sul genere *biopic*, rilevando come, negli anni in cui l'epica nazista e fascista proponevano film sugli eroi consacrati delle rispettive storie, Brecht, «al fine di rovesciare le emergenze della Storia per estraniarne il *gestus*, suggeriva di trattare altrimenti il divenire storico nell'alternanza dei soggetti sociali, esponendo come eventi naturali la vita degli eroi e dei potenti e come esistenze storiche la vita degli esseri comuni». Antonella Ottai, *Eastern. La commedia ungherese sulle scene italiane fra le due guerre*, Bulzoni, Roma 2010, p. 280.

26. Georges Didi-Huberman, *Quand les images prennent position*, cit., p. 165.

27. Roland Barthes, *La camera chiara. Nota sulla fotografia* (1980, *La chambre claire. Note sur la photographie*), Einaudi, Torino 1980, p. 96.

28. Georges Didi-Huberman, *Quand les images prennent position*, cit., p. 163.

29. Tra i molti scritti sull'argomento si vedano almeno il saggio di Rosalind Krauss, *Sulle tracce di Nadar*, in Ead., *Teoria e storia della fotografia*, cit., e il volume di Georges Didi-Huberman, *L'invenzione dell'isteria. Charcot e l'iconografia fotografica della Salpêtrière* (1982, *Invention de l'histérie. Charcot et l'Iconographie photographique de la Salpêtrière*), Marietti, Genova 2008.

30. La questione del rapporto interno/esterno mette fondamentalmente in crisi la nozione stessa di "reale": «on pourrait dire que le surréalisme, aux yeux de Benjamin, prend toute sa pertinence d'associer, de combiner, da monter ensemble deux automatismes symétriques: d'une part, le reflux automatique des images "intérieures", d'autre part le flux automatique des images "extérieures"». Georges Didi-Huberman, *Quand les images prennent position*, cit., p. 235.

31. Francesco Faeta, *Strategie dell'occhio. Saggi di etnografia visiva*, Franco Angeli, Milano 2003^3, pp. 120, 118.

32. «Dal momento che ogni foto è contingente [...], la Fotografia può significare (definire una generalità) solo assumendo una maschera. [...] La maschera è tuttavia la regione difficile della Fotografia. [...] La Fotografia della Maschera è in effetti abbastanza critica da destare preoccupazione (nel 1934 [sic] i nazisti censurarono Sander perché i suoi "volti del tempo" non corrispondevano all'archetipo nazista della razza), ma d'altra parte essa è troppo discreta (o troppo "raffinata") per costituire veramente una critica sociale efficace, almeno secondo le esigenze del militantismo: quale scienza impegnata riconoscerebbe l'interesse della fisiognomonia? L'attitudine a cogliere il

senso, sia questo politico o morale, di un volto non è forse essa stessa una deviazione di classe? E ancora è troppo dire: il Notaio di Sander è compenetrato di sussiego e di rigore, il suo Ufficiale giudiziario è compenetrato d'imponenza e di brutalità; mai un notaio o un ufficiale giudiziario avrebbero potuto vedere questi segni. Come distanza, lo sguardo sociale passa qui necessariamente attraverso il *relais* di un'estetica sottile, che la rende vana: esso è critico solo in coloro che già hanno attitudine alla critica. È un po' l'impasse di Brecht: egli fu ostile alla Fotografia a causa (diceva) del suo scarso potere critico; il suo teatro però non ha mai potuto essere politicamente efficace, a causa della sua acutezza e della sua qualità estetica». Roland Barthes, *La camera chiara*, cit., pp. 35-39.

33. Georges Didi-Huberman, *Quand les images prennent position*, cit., p. 35.

34. Ivi, p. 45.

35. «In fondo, la fotografia è sovversiva non quando spaventa, sconvolge o anche solo stigmatizza, ma quando è *pensosa*». Roland Barthes, *La camera chiara*, cit., p. 39.

36. Fredric Jameson, *Brecht e il metodo*, cit., pp. 110-111.

37. Cfr. Giacomo Daniele Fragapane, *Realtà della fotografia. Il visibile fotografico e i suoi processi storici*, Franco Angeli, Milano 2012, in part. pp. 83-106.

38. Fredric Jameson, *Brecht e il metodo*, cit., p. 117.

39. Fred Kaplan, *1959. The Year Everything Changed*, John Wiley & Sons, Hoboken, New Jersey 2009.

40. Ivi, p. 181.

41. Ivi, p. 183.

42. *Ibidem*.

43. Ivi, p. 184, corsivo mio.

44. *Ibidem*.

45. Ivi, p. 187, corsivo mio.

46. Una sommaria cronaca degli eventi ai quali le Tavole del *Kriegsfibel* si riferiscono è riportata nell'appendice del volume, curata da Günter Kunert e Heinz Seydel in linea con l'intento pedagogico dell'opera. Anche qui, come nelle tavole, si nota la mancanza di ogni riferimento ai fotografi e alla provenienza delle fonti visive utilizzate.

47. Georges Didi-Huberman, *Quand les images prennent position*, cit., p. 100.

48. Ivi, pp. 12-13.

49. Cfr. Ernst Jünger, Edmund Schultz, *Il mondo mutato. Un sillabario per immagini del nostro tempo*, a cura di Maurizio Guerri, Mimesis, Milano 2007.

50. Clement Cheroux, *Henri Cartier-Bresson*, Centre Pompidou/Contrasto, Paris/Roma 2013, pp. 145, 149.

51. Ivi, p. 151.

52. Josef Koudelka, *Exils*, Centre National de la Photographie, Paris 1988.

53. Georges Didi-Huberman, *Quand les images prennent position*, cit., p. 28.

54. Fredric Jameson, *Brecht e il metodo*, cit., p. 61.

55. Ivi, p. 62.

56. Cfr. Ludwig Wittgenstein, *Tractatus logico-philosophicus* (1961), in Id. *Tractatus logico-philosophicus* e *Quaderni 1914-1916*, a cura di Amedeo G. Conte, Einaudi, Torino 2009, § 2. Il gruppo di proposizioni subordinate alla 2 («Ciò che accade, il fatto, è il sussistere di stati di cose»), molto significativamente per il nostro discorso, si chiude con la proposizione 2.225: «Un'immagine vera *a priori* non v'è». A riguardo va sottolineato – come mi segnala Carmelo Marabello – che nella *Bildtheorie* di Wittgenstein l'uso dei termini *Bild* (immagine, figura ecc.) e *Darstellung* (descrizione, rappresentazione ecc.) presenta numerose ambiguità e difficoltà di traduzione, e che da un punto di vista semantico le nozioni di "immagine" e "fatto" tendono a sovrapporsi.

57. Cfr. Ferruccio Masini, *Brecht e Benjamin. Scienza della letteratura e ermeneutica materialista*, De Donato, Bari 1977.

58. John Berger, *Questione di sguardi* (tratto da una trasmissione per la BBC, 1972, *Ways of Seeing*), Milano, Il Saggiatore 1998, pp. 11-12, corsivo mio.

59. Cfr. ad es. Franco Vaccari, *Fotografia e inconscio tecnologico* (1979), a cura di Roberta Valtorta, Einaudi, Torino 2011.

60. Cfr. Roland Barthes, *Il mito, oggi*, in Id., *Miti d'oggi* (1957, *Mythologies*), Einaudi, Torino 1962.

61. Martin Heidegger, *L'origine dell'opera d'arte* (1950, *Der Ursprung des Kunstwerkes*), in Id., *Sentieri interrotti*, a cura di Pietro Chiodi, La Nuova Italia, Firenze 1979, pp. 18, 14, 45, 56, 69.

62. Georges Didi-Huberman, *Quand les images prennent position*, cit., p. 118.

63. Lo si può vedere tipicamente nel già menzionato *Die Welt ist schön* di Albert Renger-Patzsch, che Benjamin giudicò assai severamente proprio per l'implicita tendenza a ridurre il valore d'uso dell'immagine alla sua logica formale. Vedi *infra* e nota 60 nella seconda parte.

64. Pubblicato a tiratura limitata nel 2011 dall'editore inglese Mack, il libro è stato poi riproposto in forma di installazione nella mostra *New Photography 2013* presso il Museum of Modern Art di New York, e reso disponibile in rete sul sito dell'editore. L'accostamento tra le due operazioni è per un verso, da un punto di vista estetico e filologico, del tutto lecito e perfino doveroso; ma per un altro verso, concettualmente più importante – essendoci alla fonte un'opera di Brecht – può lasciare perplessi. Come suggeritomi da Jacopo Benci, il confronto sottende un'equiparazione delle due opere in termini di "industria culturale" (ciò accade tipicamente nei processi estetici della postmodernità, il che peraltro mi sembra un buon indicatore della nostra posizione storica di osservatori della *Kriegsfibel*). Su questo piano, in effetti, cosa accomuna l'operazione brechtiana (che, con le parole di Ruth Berlau, omesse nella prima edizione italiana del libro e reintrodotte nell'edizione 2002, si rivolgeva «ai nostri lavoratori dell'Industria *popolare*, ai nostri contadini delle *cooperative*, ai nostri intellettuali progressisti [...], alla nostra gioventù») e un raffinato, ricercato, costoso libro d'artista prodotto per una *élite* di esperti e collezionisti d'arte? Eppure questa è anche l'impasse che Barthes imputa a Brecht, ironizzando sulla sua ostilità verso la fotografia. Vedi *supra* e nota 32. Va anche detto che l'edizione digitale, gratuita, del libro/opera, con l'aggiunta di uno scritto di Brecht del 1934, *Cinque difficoltà per chi scrive la verità*, e di diversi contributi critici (di Jennifer Bajorek, Federica Chiocchetti, Justin Coombes, David Evans, Sarah James, Simon Korner, Tom Kuhn, Jonathan Long, Sam Skinner), produce un notevole "effetto di ritorno" in termini di visibilità dell'opera e di conoscenza della sua fonte.

65. Con un *radicale* ribaltamento ideologico, il saggio smentisce la posizione precedentemente sostenuta dalla stessa Sontag in una nota raccolta di scritti influenzati dalle idee barthesiane sulla fotografia (a loro volta influenzate dalla teoria teatrale di Brecht). Cfr. Susan Sontag, *Sulla fotografia. Realtà e immagine nella nostra società* (1973, *On Photography*), Einaudi, Torino 1978. Tra le nozioni centrali nei saggi degli anni Settanta, quella secondo cui le rappresentazioni fotografiche del dolore «paralizzano» e «anestetizzano» e «quando si è stati ripetutamente esposti alle immagini, esse diventano anche meno reali». Ivi, p. 19. A quasi trent'anni di distanza la scrittrice denuncerà l'ipocrisia implicita nell'idea postmodernista di uno statuto simulacrale, del tutto sganciato dalla realtà, delle rappresentazioni mediatiche. Sontag definisce «conservatrice questa tesi perché essa si limita a denunciare l'erosione del *senso* della realtà, non della realtà stessa, che continua a esistere al di

là dei tentativi di indebolirne l'autorità». Il pericolo insito in una simile visione delle cose, espressione dell'attuale Società dello spettacolo, è nel fatto che essa equivale «a universalizzare il modo di pensare di una piccola popolazione istruita che vive nei paesi ricchi del mondo, dove l'informazione è stata trasformata in intrattenimento» e, soprattutto, «presume che tutti siano spettatori. E implica, in modo perverso e poco serio, che al mondo non ci sia reale sofferenza». Ead., *Davanti al dolore degli altri* (2003, *Regarding the Pain of Others*), Mondadori, Milano 2006, pp. 103-104.

66. Clement Cheroux, *Henri Cartier-Bresson*, cit., p. 106.

67. Roland Barthes, *S/Z. Una lettura di «Sarrasine» di Balzac* (1970, *S/Z*), Einaudi, Torino 1973, p. 61.

68. Fredric Jameson, *Brecht e il metodo*, cit., p. 64.

69. Rosalind Krauss, *Stieglitz: equivalenti*, in Ead., *Teoria e storia della fotografia*, cit., p. 132.

70. Cfr. Rudolf Arnheim, *Il potere del centro. Psicologia della composizione nelle arti visive* (1982, *The Power of the Center. A Study of Composition in the Visual Arts*), Einaudi, Torino 1984.

71. Georges Didi-Huberman, *Quand les images prennent position*, cit., p. 74.

72. Cfr. Nancy Newhall (edited by), *The Daybooks of Edward Weston*, Aperture, New York 1973.

73. Georges Didi-Huberman, *Quand les images prennent position*, cit., p. 73.

74. Vedi *supra*, nota 56.

Con la testa degli altri
La fotografia come arma politica

1. *Denaro e riproducibilità tecnica*

«Questo libro vuole insegnare l'arte di leggere le immagini». La *Kriegsfibel* enuncia in modo inequivocabile, in esergo, i propri intenti. Ma in nessun caso, su quasi un centinaio di fotografie riprodotte e commentate, menziona le proprie fonti iconografiche.

Con questa semplice constatazione mi limito qui a segnalare un gesto elementare, di segno negativo, tanto esibito quanto nascosto: un'omissione che nell'economia testuale ha lo stesso peso, mi sembra, dell'enunciato iniziale, ma lavora nella direzione opposta. Essa autorizza innanzitutto il "lettore" a porre in secondo piano il problema, inteso in senso strettamente filologico, delle fonti. (Le riflessioni brechtiane sulla fotografia invitano a leggere questa ambiguità come un sintomo). In virtù della medesima premessa enunciata nell'*incipit*, in effetti, il problema delle fonti potrebbe rivelarsi tanto determinante quanto ininfluente a seconda delle immagini e dei casi presi in esame (e la sua soluzione tanto lampante quanto imperscrutabile). L'ambiguità segnala inoltre una contraddizione teorica di fondo, che, da un punto di vista storico-fotografico, non è possibile eludere: perché nel libro coesistono fotografie di genere molto diverso, la cui logica va però necessariamente intesa in senso unitario proprio in virtù della loro assimilazione strutturale in un nuovo oggetto visivo (un fototesto o, secondo la definizione di Brecht, un corpus di fotoepigrammi) e del loro contributo alla logica testuale complessiva.

Alcune fotografie sono pubblicate assieme alla didascalia originaria, ma nulla di più è offerto al lettore (autore, data, titolo, dati di edizione ecc.); altre sono semplicemente estrapolate dal contesto. Le immagini sono presentate perlopiù singolarmente, ma in qualche caso sono assemblate in piccoli gruppi di due, quattro, sei o nove. Talvolta affiora il carattere strumentale di tali accostamenti: la fotografia a sinistra nella Tavola 55 è riproposta – i lati invertiti – nella Tavola 68 con altre fotografie (presumibilmente di altri autori): l'associazione opera prima per contrasto («Un soldato tedesco… e il suo avversario russo») poi per analogia («Pensavo di conoscervi e non ho cambiato idea,/ e non sono di quelli disposti a un cieco elogio:/ siete sprecati per conquistare il mondo alla cieca,/ per asservire gli altri o stare sotto il giogo.»). La Tavola 31, inoltre, non riproduce fotografie ma un trafiletto di giornale: anche in questo caso l'esatta provenienza del testo («un comunicato di circoli cattolici») rimane un mistero. L'assenza di ogni esplicito riferimento alle fonti, tanto da parte di Brecht quanto da parte di Ruth Berlau, curatrice del progetto editoriale della *Kriegsfibel*, e di Günter Kunert e Heinz Seydel, autori delle *Postille alle fotografie* riportate in appendice, va dunque considerata nella sua dimensione programmatica.

L'interesse che Brecht rivolge alla fotografia si basa su una sfiducia di fondo, di natura ideologica, che mina alla radice ogni rapporto "immediato" (o mediato da fonti istituzionali) con l'immagine. Didi-Huberman riporta, tra i primi esempi di tale approccio al documento fotografico, la reazione desolata di Brecht, datata 10 marzo 1945, di fronte a «"les effrayants reportages de presse venant d'Allemagne", parce qu'il n'y voit que "des ruines et aucun signe de vie des ouvriers"»[1]. Se la confrontiamo con la posizione enunciata dal drammaturgo nella seconda tavola della *Kriegsfibel*, una fotografia dal taglio tipicamente modernista (simile a certe immagini pubblicate da Albert Renger-Patzsch nel libro del 1928 *Die Welt ist schön*, epitome della "nuova visione"), che mostra dall'alto quattro operai al lavoro su pile di enormi lastre di ferro (commentata dall'epigramma: «"Cosa fate fratelli?" – "Un carro di ferro"./"E con queste lastre qui accanto?"/"Proiettili che squarciano le corazze di ferro"./"E perché tutto questo, fratelli?" – "Per vivere, non altro".»), possiamo cogliere chiaramente i due versanti dell'atteggiamento brechtiano: da un lato, la sua personale risposta emotiva, la sua reazione psicologica alle rappresentazioni fotografiche della contingenza storica; dall'altro, la coscienza del valore d'uso che tali rappresentazioni possono assumere, se sottratte al loro contesto di enunciazione, rispetto alla Storia nel suo complesso, in quanto costruzione politico-ideologica e rappresentazione dei rapporti di classe.

L'atteggiamento, naturalmente, è quello di un anticapitalista radicale: cosicché tra gli operai resi invisibili e quelli accecati dalla storia, tra quelli di cui ormai *non c'è più traccia* tra le rovine e quelli che *senza rendersene conto* stanno provvedendo alla propria distruzione, l'incognita dell'equazione è il denaro. E di conseguenza – era stato Benjamin, come si vedrà, a trarre per primo, nel 1931, le conseguenze – la stessa «riproducibilità tecnica», che non può *vedere* le cause del capitalismo, le sue logiche operative, la sua "realtà", ma può rappresentarne solo gli effetti (la guerra, la miseria). Una giusta interpretazione del documento può così darsi solo in uno spazio situato *tra* le immagini: «parce que un document recèle deux vérités au moins, dont la première est toujours insuffisante»[2].

Ciò che è qui in gioco non riguarda, è chiaro, lo statuto ontologico delle immagini, il loro valore in sé, né il problema, che diverrà storiografico, della loro legittimazione estetica (questioni peraltro riconducibili, come le principali concezioni ottocentesche della fotografia, alla vecchia antinomia metafisica tra "essenza" e "apparenza", arte e tecnica), ma un dilemma più urgente e pragmatico, concernente il nuovo, preponderante eppure perlopiù invisibile ruolo assunto dalle immagini tecnologiche, e dai media, nei processi politici ed economici del mondo occidentale. Un sistema in via di rapida globalizzazione proprio *in virtù* del nesso sotterraneo, occulto eppure reale, tra denaro e guerra, denaro e miseria, denaro e rovine.

Anche Jameson solleva il problema della *rappresentabilità del capitalismo* e rileva la «difficoltà di comprendere il funzionamento del capitale» a causa di alcuni ostacoli, il primo dei quali «è costituito proprio dal denaro, che pone specifici problemi di rappresentabilità, e che si trova a un bivio tra la rappresentabilità della povertà e quella della ricchezza. Per quanto Brecht fosse interessato alla produzione e al lavoro industriali in quanto tali, come materia prima essi costituivano tuttavia un ostacolo al quale solo l'attività documentaristica sembrava offrire una soluzione. Ma Brecht non credeva nel realismo fotografico di questo tipo» e affermava che (Jameson cita dagli *Scritti sulla letteratura e sull'arte*): «Ciò che rende la situazione così complicata è il fatto che una semplice "riproduzione della realtà concreta" attualmente è men che mai suscettibile di dire qualcosa di concreto sulla realtà. Da una fotografia delle officine Krupp e dell'AEG non si ricava quasi nulla sul conto di queste istituzioni»[3]. La logica del denaro, *in fondo*, come quella della guerra, è inaccessibile alla riproducibilità tecnica. Il realismo non rappresenta più la realtà e la fotografia può vedere soltanto le *conseguenze* del capitalismo.

Proseguendo come in un sillogismo a partire da simili premesse Jean Baudrillard in *Lo scambio simbolico e la morte* ha indicato – pensando la "digitalità" e profetizzando con la famosa metafora del *World Trade Center*, l'intreccio storico tra essenze e apparenze, realtà e rappresentazioni sotteso agli eventi dell'11 settembre 2001 – l'*identità* tra denaro e riproducibilità tecnica, in una circolarità di cause ed effetti che ne rende in qualche modo reciproci gli statuti: «È tutta le sfera politica che perde la propria specificità quando entra nel gioco dei media e dei sondaggi, cioè nella sfera del circuito integrato domanda/risposta. [...] Tra il XIX e il XX secolo, la pratica politica e la pratica economica si riuniranno sempre più in un medesimo tipo di discorso. Propaganda e pubblicità si fonderanno sul medesimo *marketing* e *merchandising* di oggetti o di idee-forza. Questa convergenza di linguaggio tra l'economico e il politico è d'altronde ciò che contrassegna una società come la nostra, dove l'"economia politica" è pienamente realizzata. Ma è anche allo stesso tempo la sua fine, poiché le due sfere si aboliscono in una realtà, o iperrealtà, completamente diversa, che è quella dei media [...]»[4].

Il problema è dunque quello dell'«unicità della natura del denaro»[5]. Ma in un senso più ampio e specifico al tempo stesso, che riguarda sia le potenzialità conoscitive sia i limiti epistemologici dell'immagine fotografica, il problema è quello della stessa rappresentabilità del reale, laddove esso non si manifesta più come "sostanza estesa" ma come dialettica storica tra forze economiche, politiche, ideologiche. La soluzione di Brecht sta nel "dialettizzare" la fotografia (e la sua contraddizione, per noi oggi estrememente chiarificante su un piano teorico, nel negare o non voler vedere che essa è già *di per sé* un oggetto dialettico capace di veicolare posizioni critiche assai diverse sul reale): «La *Kriegsfibel* nous renseigne précisément sur le fait qu'à une image de l'histoire, il ne suffit pas d'accoler la légende choisie par le photographe, le magazine d'information ou le centre d'archives dont elle émane. À toute image de l'histoire il faut, non seulement une légende – comme Walter Benjamin y insistait avec force dan son essai sur la photographie –, mais une *légende dialectisée*, une légende au moins redoublée»[6].

La didascalia non è sufficiente; non spiega l'immagine, non ne esaurisce il senso. E inoltre, per chi (oggi) studia *la* fotografia: di che genere di didascalie stiamo parlando? Chi ne è l'autore? Come operano in relazione al contesto editoriale? Che valenza hanno rispetto all'intenzione del fotografo? Brecht non si interessa né al primo né al secondo versante della questione – identifica cioè la questione epistemologica con quella della manipolazione mediatica dell'immagine – e in questo la sua posizione, storica e politica, è chiara. Ma rispetto alle fotografie, *alla fotografia*, perché non si pone mai il problema delle fonti? (Se non, talvolta, in un senso del tutto poetico, o giuridico, e sempre sotto il profilo della *responsabilità*: nella Tavola 12, una fucilazione, il punto di vista è attribuito "ai tedeschi", o a qualcuno la cui enunciazione coincide con l'io narrante del fotoepigramma: «E allo scopo di informare il mondo/ecco la foto che gli abbiamo fatto»).

Nessun fotografo è citato nella *Kriegsfibel*, neanche quando le tavole enunciano e richiedono con forza un "principio di autorità" (se ciò può accadere, come per Georg Silk nella Tavola 52, è solo perché, a prescindere dall'interpretazione dell'immagine che viene proposta da Brecht, il nome figura incidentalmente nella didascalia originaria).

È il caso di una celebre fotografia di Robert Capa scattata durante lo sbarco in Normandia, *Landing of the American troops on Omaha Beach*, che (non a caso?) Didi-Huberman non considera nel suo studio. L'immagine proviene da un reportage realizzato il 6 giugno 1944 e pubblicato su «Life» il 19 giugno dello stesso anno. Fu un evento mediatico a larghissima diffusione e non possiamo considerare la posizione brechtiana senza tener conto, rispetto all'immagine riprodotta sulla *Kriegsfibel*, della sua eco e del suo valore simbolico: è difficile, per essere più precisi, credere che Brecht non abbia indirizzato la sua controanalisi proprio verso questo aspetto della fotografia, strettamente connesso alla ricezione, a livello di massa, dell'opera di Capa. Com'è noto, soltanto undici dei circa cento scatti realizzati durante le prime due ore dello sbarco si salvarono, a causa di un errore di Larry Burrows, all'epoca tecnico di camera oscura della rivista, particolarmente ansioso di vedere i negativi (e poi divenuto anch'egli un famoso fotografo di guerra, morto nel Laos nel 1971 in circostanze simili a quelle in cui morì Capa, in Indocina, nel 1954). Dieci fotografie furono pubblicate su «Life», tra cui quella utilizzata da Brecht, forse la più iconica tra tutte, e di sicuro ben più conosciuta delle altre immagini scattate da Capa in Normandia.

Unico fotografo al seguito delle truppe americane durante il D-Day, già famoso per i suoi reportage sulla guerra civile spagnola e sul conflitto sino-giapponese, Capa documentò dettagliatamente le varie fasi dello sbarco, dalla preparazione all'avanzata nell'entroterra: fotografò i soldati americani durante gli scontri a fuoco e le marce estenuanti nel territorio francese, la cattura dei nemici, la sepoltura dei cadaveri, le cerimonie religiose, i momenti di riposo, gli incontri con la popolazione locale. Eppure i pochi fotogrammi mossi e sfocati che scattò nell'acqua, avanzando assieme alle truppe americane sotto le raffiche delle mitragliatrici tedesche, rappresentarono per l'epoca molto più che una semplice testimonianza storica, soprattutto per il tono leggendario con cui fu raccontata la loro realizzazione, prima su «Life» dall'editor John G. Morris, poi dallo stesso fotografo[7]. La sequenza del D-Day (su cui si basa anche la ricostruzione fatta da Steven Spielberg nel film del 1998 *Saving Private Ryan*) rappresenta in tal senso uno snodo fondamentale nella storia del fotoreportage, un vero e proprio *topos* del mito novecentesco del reporter di guerra.

Ma Brecht non si interessa né al mito di Capa – morto l'anno prima della pubblicazione della *Kriegsfibel* – né alla fotografia di Capa, né al commento originario di quel gruppo di immagini, che non è riportato nella Tavola 53. Ciò che gli interessa non riguarda l'offensiva, celebrata dai media e mitizzata dai fotografi, contro «l'uomo della Ruhr», ma il futuro conflitto tra «l'uomo del Maine» e «l'uomo di Stalingrado». Alla propaganda, poi, risponde con la contropropaganda: nella Tavola 54 i «Partigiani sovietici» sono il popolo «dei campi e delle fabbriche» che lotta «in nome di tutti i popoli».

2. *Casi*

Il ruolo che l'immagine fotografica svolge nell'economia del discorso brechtiano non si situa dunque né sul versante della verità documentaria più rigorosa, né sul versante degli usi correnti, giornalistici e comunicativi, né su quello della pura sperimentazione visiva.

Sospettoso verso la "rappresentazione", verso la *mimesis* aristotelica tout court, Brecht scorge propaganda e mistificazione dietro ogni immagine della guerra, e sembra asserire che guerra e riproducibilità tecnica siano parte della medesima logica (questo assunto è in qualche modo esplicitato nella già menzionata Tavola 12, che assimila la fucilazione e la sua riproduzione fotografica in un solo giudizio morale). Il ruolo della fotografia è piuttosto quello di essere per sua natura catturata dalle ambiguità, le ambivalenze, i paradossi della comunicazione mediatica, in virtù della quale ogni immagine che riproduce un frammento di realtà, al tempo stesso *produce il reale* determinando i modi della sua visibilità e rimandando di conseguenza alla riproducibilità stessa – e alla sottesa logica del denaro – in quanto merce e condizione di negoziabilità del visibile e dell'invisibile. Da questa prospettiva, in termini marxiani, con la riproducibilità tecnica e la relativa riduzione ai minimi termini della quantità di lavoro, manuale e intellettuale, necessaria alla realizzazione di un'immagine – che può ora essere prodotta potenzialmente da chiunque, e venduta al miglior offerente – il valore d'uso della rappresentazione finisce per coincidere con il suo valore di scambio (idea agli antipodi sia della nozione di specificità in quanto valore *in sé* dell'immagine, sia della nozione di verità documentaria in quanto capacità di osservare la realtà ricavandone rappresentazioni "significative").

Nella sua guerra alla rappresentazione, Brecht sembra però ritrovare nella fotografia uno dei fondamenti drammaturgici, e dei principali espedienti didattici, del suo teatro: l'idea di *casus* come dialettica tra universale e particolare. Jameson cita come esempio di *casus* una situazione da un film di Kluge, *La forza di sentimenti* (1983), dove un uomo violenta una donna che si trova in stato di incoscienza a causa di un tentato suicidio, e così facendo le salva la vita: «La questione legale è allora la seguente: l'uomo in questione è un criminale o un eroe? Violentò la sua vittima, è vero, ma senza le sue particolari attenzioni la sua vittima non sarebbe mai stata salvata»[8]. La definizione di *casus* si attaglia a questo esempio per «la natura della sua struttura; e questo non soltanto perché qui sono in conflitto due tipi di leggi [...] ma anche perché [...] il giudizio è sospeso»[9]. Sulla sospensione del giudizio in relazione all'evento si potrebbe forse obiettare, ma non sulla dicotomia formale che, nella forma di una contraddizione logica insolubile, scaturisce dalla sua rappresentazione.

In fotografia questa situazione è tipicamente (talvolta tragicamente) esemplificata dalla pratica militante, sintomatico territorio di confine tra aspirazioni ideali e contingenze particolari. Ad esempio laddove la presenza del fotografo sul fronte di un evento storico – a prescindere dalla sua "posizione" politica e morale, dal giudizio rispetto allo stesso evento e da ciò che muove la sua intenzione testimoniale – può mettere in pericolo l'autore delle immagini, i suoi collaboratori o i soggetti rappresentati (tutti passibili di ritorsioni da parte degli attori o dei registi occulti dell'evento). Soprattutto in questo territorio, dove la fotografia risponde a intenzioni politiche e riflette concezioni ideologiche "di parte", il problema della responsabilità dell'immagine si spinge ben oltre le mere questioni di *copyright*: investe l'intero regime dei suoi usi e l'intera catena dei suoi utilizzatori (questo libro, paradossalmente, è privo di immagini a causa di irrisolvibili problemi connessi allo sfruttamento economico del *copyright*). Esso sembra manifestarsi altrettanto tipicamente, in forma di sintomo, laddove una fonte – che sia essa testuale o iconografica è indifferente – si mostri reticente rispetto alle proprie fonti. Il giudizio, qui, dovrebbe essere in effetti doppiamente «sospeso»: rispetto al senso dell'enunciato e rispetto alle intenzioni del suo autore.

La pratica militante, per «la natura della sua struttura», si trova di fatto catturata (o esposta al rischio di esserlo) nel vortice delle proprie manifestazioni, dato che le immagini, una volta immesse nel circuito dei media, possono essere del tutto decontestualizzate rispetto ai propositi originari e piegate agli scopi più diversi, anche opposti. Questa è l'origine della sua impasse (che Brecht "volge al suo scopo" ma, mi sembra, non smentisce): la sua implicazione, come una forza uguale e contraria, in una logica "di propaganda" in virtù della quale l'immagine circoscrive il proprio valore e significato in rapporto a una tesi preesistente (o in opposizione ad altre tesi). Tale dimensione, intrinsecamente e inevitabilmente ambigua della fotografia militante – perché sovrappone un'intenzionalità politica implicita, presunta, una visione "partigiana" dei fatti evidente solo a chi già ne condivide i presupposti ideologici, a un'epistemologia "ingenua" dell'atto fotografico inteso come mero veicolo riproduttivo di una realtà fattuale data, oggettiva, osservabile in quanto tale e indipendente dalle sue rappresentazioni – si presenta nella storia della fotografia ben prima che il genere-reportage, per come oggi lo conosciamo, assumesse i suoi tratti istituzionali moderni. Ciò che più la caratterizza è un peculiare abbaglio epistemologico (una pulsione che assomiglia molto a una definizione teorica della fotografia)[10]: il fatto cioè di *identificare la rappresentazione con il suo oggetto*.

La ricerca brechtiana, in particolar modo in relazione a questo aspetto, si spinge in effetti ben al di là delle sue stesse immagini: sembra poggiare su un gesto di *negazione* radicale[11] – del quale ho segnalato, come primo sintomo, l'omissione nel testo delle fonti iconografiche – che non può ascriversi solo a una generica critica delle rappresentazioni belliche (a una riflessione sulla guerra e sul "dolore degli altri") ma investe l'intero sistema della riproducibilità tecnica. Negando in toto alla fotografia ogni altra funzione se non quella, minimale, arcaica (e reputata del tutto inefficace in una prospettiva di materialismo storico), di attestare uno stato di cose registrandone l'apparenza momentanea, Brecht nella *Kriegsfibel* sottopone la fotografia a una sorta di sezionamento autoptico che la fa regredire a un livello elementare, quasi pre-linguistico. L'immagine è deprivata del "proprio" pensiero: disgiunta dalle intenzioni del fotografo, dal contesto di enunciazione, dalla stessa realtà fenomenica riprodotta.

Ma è chiaro che tutto ciò non può essere semplicemente eliso, tagliato via con un colpo di rasoio: per chi la osserva *in quanto tale*, l'immagine continua a parlare, anche al di là della trama di senso che Brecht le intesse attorno. Il punto è che essa continua a descrivere uno stato di cose "altro", neutro rispetto al testo (perché continua a esistere *in quanto fotografia*) ma al tempo stesso può assumere, di volta in volta, connotazioni diverse, toni beffardi, astiosi, tormentati ecc. Più che le immagini, così, sono le connessioni, interne ed esterne al testo, a parlare, a dirci qualcosa di più profondo sul rapporto tra Brecht e la fotografia.

E tra la fotografia e la guerra. Il *casus* della Comune parigina del 1871 (cui, detto per inciso, Brecht dedicherà il suo ultimo dramma compiuto, *I giorni della Comune*, scritto con Ruth Berlau nel 1948-49 e messo in scena nel 1956 – e che due cineasti radicalmente brechtiani come Straub e Huillet omaggeranno in *Toute révolution est un coup de dés*, del 1977, girato davanti al Muro dei federati del Père-Lachaise, dove furono fucilati i dirigenti della Comune, e commentato dalla poesia di Mallarmé *Un coup de dés n'abolira jamais le Hasard*, del 1897) è a riguardo tanto precoce quanto significativo[12], e la fotografia vi gioca un ruolo particolarmente paradossale. Collocandolo sullo sfondo dell'operazione brechtiana, leggendolo *attraverso* di essa, vi si può ritrovare l'archetipo di una precisa dicotomia interna agli usi e alle funzioni politico-ideologiche della fotografia. Dicotomia che trova la sua prima, inquietante espressione nella cultura europea del XIX secolo proprio in rapporto alla rappresentazione della guerra e della violenza, con modalità politico-militanti programmaticamente radicali e talvolta cinicamente mistificatorie – che polarizzano i modi di produrre e fruire le rappresentazioni fotografiche – per alcuni versi dissimili, per motivi storico-politici, da quelle emerse nell'esperienza, di poco precedente, della guerra civile americana (dove dai campi di battaglia si passò, quasi senza soluzione di continuità, all'esplorazione geografica e alla mappatura Topografica del paese: impresa in cui la fotografia operò fondamentalmente come uno strumento di coesione nazionale).

Molti fotografi attivi a Parigi nel convulso periodo tra la caduta del Secondo Impero, le insurrezioni repubblicane, le assemblee rivoluzionarie che portarono alla proclamazione della Comune, l'assedio della città da parte dell'esercito prussiano e la repressione nel sangue della Comune – autori ampiamente storicizzati, dagli interessi più diversi e i cui *atelier* erano assai frequentati dal pubblico parigino dell'epoca, come Nadar, Disdéri, Petit, Carjat, Brandseph, Bertall, Legé et Bergeron, Reutlinger – si limitarono perlopiù a ritrarre le figure di spicco della rivolta o a rappresentare, con stile romantico, gli edifici in rovina dopo gli scontri all'Hôtel de Ville, a Place Vendôme, a Versailles. Come ha osservato Quentin Bajac, solo una piccola parte dei fotografi attivi a Parigi in quei giorni "scese in strada" per documentare l'insurrezione. I più rimasero "ciechi" di fronte alla violenza della repressione: i morti sulle barricate furono ritratti perlopiù per conto del governo della Comune, allo scopo di identificare i cadaveri, mentre i professionisti mantennero un atteggiamento "reticente", realizzando vedute pittoresche e drammatiche dei luoghi degli scontri, da vendere ai turisti[13].

Alcuni di essi, però, non esitarono a schierarsi. Maxime Du Camp, amico di Flaubert, letterato e pioniere della fotografia orientalista, fu tra i più feroci detrattori dell'esperienza comunarda. Eletto senatore subito prima della caduta dell'impero, già famoso per i suoi reportage di viaggio, per aver combattuto nella Guardia nazionale durante i moti rivoluzionari del 1848, per la sua partecipazione all'impresa garibaldina dei Mille, non produsse una documentazione visiva dei fatti della Comune ma, in una serie di articoli poi confluiti nel volume *Les Convulsions de Paris* (1878-79) la descrisse nei termini di una vera e propria regressione verso la barbarie. Secondo Colette Wilson, che esamina la questione sotto il profilo delle «nineteenth-century theories of memory», del formarsi di «a theoretical context for the hostile representation of Paris and the Commune», il libro «exemplifies the reaction against the Commune and was a key text in the construction and promulgation of the reactionary memory of the Commune»[14]. A questa rappresentazione reazionaria dei comunardi (come alcolizzati e incendiari, epigoni della follia del Terrore) corrispose un immaginario fotografico che abbiamo già incontrato, fatto di rovine e spazi desolati, e di luoghi dalla forte valenza istituzionale – l'autrice esamina alcuni lavori celebrati nel contesto dell'Esposizione universale del 1878: *Paris incendié: mai 1871* di Charles Soulier, *Les Principaux Monuments de France* di Edouard-Denis Baldus, e *Album du vieux Paris* e *Travaux* di Charles Marville, sottolineando come queste immagini contribuissero a rimuovere la memoria storica di una parte ben precisa della città, la "vecchia Parigi" popolare della Comune, celebrando le "grandi opere" che per volontà di Napoleone III, sotto la guida di Haussmann, a partire dal 1852 ne ridisegnarono l'assetto urbanistico.

Il rapporto tra la Comune e la fotografia sarà anche segnato, rileva Bajac, dalla comparsa dei primi fotomontaggi politici (*Crimes de la Commune* di Eugène Appert, *Martyrs de la Roquette* di Hippolyte Vauvray, serie di fotografie *allestite* che inscenavano e reinventavano la Comune drammatizzandone gli episodi più cruenti); dal massiccio utilizzo poliziesco e giudiziario della fotografia allo scopo di identificare gli insorti; dall'applicazione rigorosa della censura sulle immagini in circolazione (da cui si salvarono solo quelle "artistiche") per motivi di ordine pubblico[15]. Mary Warner Marien sottolinea poi come «During and after the Comune, photography was used to record events as well to promote, explain, and rationalize political positions»[16].

I due fotografi che rispetto a questo scenario sembrano assumere la posizione – ancora nel senso di Didi-Huberman – più lucida e spregiudicata, si collocano ai due estremi opposti delle modalità discorsive della fotografia storica: il reportage e la fotografia *staged* (ma in fotografia, in virtù della sua ambiguità e polisemia, i confini tra i generi sono labili per definizione, e la nozione di "documento", in questo interstizio, appare doppiamente insidiosa).

Il primo caso, quello di Bruno Braquehais, mi sembra poi interessante rispetto all'esempio di *casus* brechtiano proposto da Jameson, perché vi si può rinvenire il medesimo (tragico) cortocircuito tra l'accadere storico-fattuale degli eventi e la loro rappresentazione visiva. Rispetto alle ragioni della storia della fotografia, casi del genere operano come vere e proprie cartine di tornasole. Braquehais fu tra i pochissimi, sottolinea Bajac, che ebbero il coraggio di "scendere in strada" per documentare gli eventi, ma il suo nome è anche legato, secondo Marien, a una curiosa ironia della storia: «Bruno Braquehais [...] took 109 views of the Commune, which were sold in a bound album called *Paris during the Commune*. Ironically, photographs of the Communards were soon used to identify and arrest them, when the French government retook the city»[17].

La questione del valore documentale delle immagini (qui riconducibile alla *tipologia sociale* dei soggetti rappresentati) ci mostra qualcosa di molto preciso circa le logiche di storicizzazione della fotografia. Essa, nell'analisi di Colette Wilson, fa da spartiacque tra le interpretazioni "critiche" e quelle "militanti": «Jean-Claude Gautrand's analysis, written not long after May 1968 and the centenary of the Commune (and very much of its time), was perhaps the first real attempt to identify and discuss the subject in any detail; though his somewhat uncritical assessment of the photographer Bruno Braquehais as pro-Communard, on the basis that he produced several close-up shots of Communards posing alongside the Vendôme Column or on barricades, has subsequently been challenged by Linda Nochlin, who points out that Braquehais also photographed Versaillais soldiers»[18]. L'ironia, comunque, permane come un rumore di fondo, un filosofico *punctum* barthesiano che resiste a entrambe le interpretazioni: che quelle immagini intendessero o meno celebrare gli insorti è in effetti del tutto indifferente, dato che spesso li condannarono a morte.

Il secondo caso, quello di Eugène Appert, ci porta più avanti nella definizione di una prospettiva storica per questo paradosso. Come Du Camp, egli fu un palese sostenitore della repressione da parte del regime di Versailles, del quale produsse una vera e propria apologia per immagini. E come un moderno reporter *embedded*, lavorò su commissione (per conto di Thiers), coinvolgendo attori, allestendo le sue fotografie e utilizzando la tecnica del fotomontaggio per renderle credibili al pubblico. Anche in questo caso, gli argomenti utilizzati per collocarlo in una prospettiva storica operano come una cartina di tornasole, specie laddove tentano di conciliare l'analisi politica con l'argomento estetico ed epistemologico. Marien constata significativamente come il metodo di Appert producesse risultati di livello "qualitativo" assai discontinuo: «After obtaining portraits of the leaders of the Commune, Appert hired actors to enact historic scenes from the point of view of the anti-Commune forces. In the studio, he cut out the individual figures, pasted on them the heads of the Communards, then rephotographed the image. These composite photographs vary considerably in quality»[19]. Wilson, dal canto suo, ne giustifica il valore alla luce delle teorie fotografiche postmoderne: «Christine Lapostolle has also attempted to classify photographs taken during the Commune and its aftermath according to subject matter and ideological viewpoint (pro- or anti-Communard). In so doing, she questions the received opinion that Ernest Eugène Appert's photomontages, for example, were just anti-Communard propaganda and argues, convincingly, that such images should be reinterpreted within the context of contemporary notions of photography and 'reality' and what was deemed acceptable as a 'historical document'»[20].

In fotografia il *casus* è un indicatore del valore d'uso dell'immagine. «È la contraddizione che rende possibile l'unicità di questa forma semplice, e che la mantiene in essere, poiché il caso rappresenta un giudizio sul giudizio stesso»[21]. Cogliere la contraddizione implicita nei diversi punti di vista possibili riguardo a una data situazione implica un affrancamento dalla psicologia (dunque in qualche modo produce una *controlettura*): «Rompere con l'aspetto psicologico, in epoca moderna, riporta allora in superficie i movimenti interni delle categorie e mette sulla scena gli atti di decisione e di giudizio»[22]. E la fotografia, come Brecht sperimentò *metodicamente*, si presta bene a questo genere di rovesciamenti, essendo per definizione un costrutto psicologicamente ambiguo, una scelta condizionata a monte da codici tecnologici e norme sociali, e a valle dalla sua facile strumentalizzazione mediatica.

3. *L'istante della morte*

Un altro snodo paradigmatico per le sue implicazioni etiche ed estetiche (il prototipo, *il* caso tout court, secondo molti), è quello della celebre fotografia del miliziano morente (*Loyalist Militiaman at the Moment of Death, Cerro Muriano, September 5, 1936*), scattata da Robert Capa durante la guerra civile spagnola e subito celebrata sui maggiori *magazine* dell'epoca. (Come abbiamo visto, nella *Kriegsfibel* Brecht utilizza due immagini posteriori del fotografo, tratte dai reportage sugli sbarchi in Sicilia e Normandia, che segnarono il compimento del processo di edificazione del mito di Capa come grande reporter di guerra, iniziato durante la guerra di Spagna).

Diversi argomenti si intrecciano nel discorso storiografico su questa immagine, e più che gli enunciati espliciti è forse interessante esaminarne le omissioni o i sottintesi. Non posso qui dedicare alla fotografia più che una digressione, né intendo offrirne ulteriori interpretazioni, ma solo ripercorrerne la vicenda critica confrontando diversi punti di vista e ponendoli come uno sfondo rispetto al quale considerare l'operazione brechtiana. Rispetto alla mia analisi, questa immagine catalizza una serie di argomenti teorici allo stesso modo in cui il caso della Comune delinea per la prima volta un territorio storiografico. Vale soprattutto la pena di vagliarne alcune interpretazioni tradizionali alla luce del dibattito più recente, del quale è anche interessante osservare la scansione cronologica. Darò qui, di conseguenza, principalmente rilievo ad alcune posizioni accreditate succedutesi nel tempo, citandone ampi passaggi, cercando di porne in luce i legami e le contraddizioni, e lasciando le mie conclusioni al paragrafo successivo.

Entrando nel merito, mi sembra sintomatico, ad esempio, il fatto che Beaumont Newhall neanche menzioni l'immagine nella sua proverbiale *Storia della fotografia*, introducendo Capa (con Elisofon, Vandivert, Bourke-White, Smith e «il capitano Edward Steichen») tra gli autori delle fotografie «più eloquenti e drammatiche della seconda guerra mondiale» e suddividendo la vicenda del fotogiornalismo novecentesco in due grandi fasi, la prima delle quali «finì rovinosamente nel 1933 con l'avvento al potere di Hitler» e la seconda fu dominata dall'imporsi, nella stampa americana, di uno stile fotogiornalistico al contempo tendenzialmente narrativo e marcatamente iconico, dominato dal modello della *picture-story*. Egli sottolinea inoltre che «Questa concezione del fotogiornalismo favorisce le analisi vigorose, l'esposizione chiara. Purtroppo, porta anche a dare troppa importanza alle didascalie»[23].

La dimensione *autoreferenziale* delle costruzioni storiografiche classiche sulla fotografia (l'idea, appunto, di un'immagine di per sé "significativa", autoevidente, fortemente ancorata al suo contesto referenziale) si manifesta più chiaramente in relazione al problema, nodale per il nostro discorso, dell'*istantaneità*. Come sottolinea Vincent Lavoie, riferendosi agli studi di Denis Bernard e André Gunthert su Albert Londe, l'istantanea è un genere iconico che nasce con la fotografia e trova all'interno della sua storia le proprie ragioni teoriche. Se essa si impone a livello di massa tra il XIX e il XX secolo, per motivi di ordine scientifico e tecnologico, i suoi esiti storiografici si estendono ben oltre: «The principal that turns the istantaneous representation of the event into a moment of history, was introduced by photography, there can be no doubt about it. The recent editorials have reminded us of this principal and underlined the considerable contribution that the photography of the press has made in building a collective memory. References are made to many a publication containing the most famous pictures of the 20th Century but these have only been appeared over the past few years. Whether it is the shot that shows the heroic death of the republican soldier during the Spanish Civil War or the picture of a young Vietnamese girl being burned by napalm [...], the principal is always the same: the photograph of the event crystallises the most significant episodes of history. [...] The most emblematic are often those that concentrate into a single, dramatic moment the difficulty of the whole situation at that time in history»[24].

Richard Whelan, biografo ufficiale di Capa, ci offre una prima conferma di questo quadro laddove affronta il tema della assai controversa "autenticità" dell'immagine: «The fact is that we shall probabily never know exactly what happened on the hillside. [...] In any case, it seems rather improbabile that proud soldiers would have agreed to stage photographs that purported to show their deaths. If it had been a question of intentional fakery, it seems more likely that all involved would have preferred to stage pictures of victory. But in the end, after all the controversy and speculation, the fact remains that Capa's Falling Soldier photograph is a great and powerful image, a haunting symbol of all the Loyalist soldiers who died in the war, and of Republican Spain itself, flinging itself bravely rorward being struck down. To insist upon knowing whether the photograph actually shows a man at the moment he has been hit by a bullet is both morbid and trivializing, for the picture's greatness ultimately lies in its symbolic implications, not in its literal accuracy as a report on the death of a particular man»[25].

La questione si complica man mano che da biografica si fa etica, epistemica, estetica. Laddove Whelan sembra più che altro confidare nella buona fede del fotografo, l'interpretazione di Graham Clarke, che verte sulla classica dicotomia ontologica oggettivo/soggettivo, insinua un dubbio; ma questo dubbio non scalfisce il giudizio sull'immagine: «In effetti il prestigio di Capa come fotografo di guerra non era legato solo alla materia fotografata, ma anche al suo stile, considerato il riflesso di una filosofia esistenzialista di stampo hemingwayano. L'importanza di molte sue immagini come *documenti*, tuttavia, è discutibile. *Miliziano colpito a morte* [...] è sospettato di essere un falso, mentre il caratteristico "brivido" di tante immagini di Capa non è che un atto calcolato per ottenere un maggiore effetto e suscitare ammirazione»[26]. Fred Ritchin, dal canto suo, che legge la storia delle immagini come un riflesso dell'evoluzione tecnologica, vede questo passaggio nei termini di un affrancamento mediale rispetto al quale il problema epistemologico passa in secondo piano: «By 1938 [...], when twenty-five-year-old Robert Capa was called "the Greatest War-Photographer in the World" by the British magazine *Picture Post*, the technology had improved vastly and the audience had become enormous [...]. War photography requires, first of all, a war. This it had found two years earlier when Loyalists and Fascists began to do battle in the Spanish Civil War, wich would become the prelude to the Second World War. Wars are, because of and in spite of their destructiveness, highly photogenic. [...] There were, of course, many wars between the invention of photography and the outbreak of the Spanish Civil War. It was, however, the first conflict in which small portable cameras [...] and faster, more light-sensitive films were available. These two technological achievements allowed photographers to depict, for the first time, the battle as it was unfolding»[27].

La querelle sull'autenticità dell'immagine del miliziano scatena e rivela innanzitutto un gioco di posizionamenti teorici. Michael Griffin la ricostruisce in dettaglio, sottolineando come tutto ciò abbia ben poco a che fare con il problema del valore documentario della fotografia: «Yet the relationship of photographs to history becomes increasingly tenuous as photographs are published and republished in various contexts and being to take on a widely recognizable form as cultural emblems. In these cases, history and image are rearranged to a point where history becomes irrelevant and the photograph's institutional use locks it into particular national, cultural, and professional myths. Moreover, certain types of photographs, especially those that emphasize dramatic aesthetic form but lack specific historical detail, most readily lend themselves to this abstraction process. Such metaphoric pictures are precisely the images that become most widely celebrated and most likely to receive Pulizer Prizes or World Press Photo awards and become the models that elite photojournalists strive to emulate»[28].

Rispetto alla figura di Capa la posizione di Susan Sontag, per come si delinea nella svolta tra gli scritti sulla fotografia degli anni Settanta (dove stigmatizza la «consuetudine con l'atrocità» dei reporter militanti e avverte che per sua natura «il contenuto etico delle fotografie è fragile»)[29] e il suo ultimo saggio, del 2003, appare curiosamente allineata con le costruzioni storiografiche più classiche, delle quali fa in qualche modo emergere il non detto: «Quando, il 12 luglio 1937, fu pubblicata su "Life", la fotografia di Capa del miliziano in punto di morte occupava un'intera pagina destra; accanto, sulla sinistra, c'era un'inserzione pubblicitaria a tutta pagina della Vitalis, una marca di brillantina, in cui appariva una piccola foto di un uomo in smoking bianco che sfoggiava una chioma perfettamente scriminata, impomatata e lustra. Le due pagine affiancate – in cui entrambi gli usi della macchina fotografica implicano l'invisibilità dell'altro – appaiono oggi non soltanto bizzarre ma curiosamente datate. [...] Il fotogiornalismo vide riconosciuto il proprio ruolo all'inizio degli anni Quaranta – in tempo di guerra. La meno controversa delle guerre moderne, la cui giustezza fu sancita nel 1945 dalla piena rivelazione del male compiuto dai nazisti, offrì ai fotoreporter una nuova legittimità, tale da lasciare poco spazio al dissenso di sinistra che nel periodo tra le due guerre aveva in larga parte caratterizzato l'uso più serio della fotografia, da *Guerra alla guerra!* di Friedrich alle prime fotografie di Capa, l'esponente più illustre di una generazione di fotografi politicamente impegnati la cui opera era incentrata sulla guerra e sulla condizione delle vittime»[30]. Nel confronto tra l'incauta, "bizzarra" e "datata" (e perciò, potremmo dire, per certi versi involontariamente brechtiana) associazione di montaggio presente nella pubblicazione su «Life» della fotografia di Capa, e la "nuova legittimità" del reportage postbellico, emerge la tacita accettazione del nesso, di fatto imposto dai nuovi assetti politici e da esigenze sempre più globali di razionalizzazione comunicativa, tra l'istituzionalizzazione del moderno canone fotogiornalistico e la rimozione delle sue istanze ideologiche più radicali.

Questa mossa "revisionista" sembra avallare il ritorno sotto mutate spoglie di sollecitazioni estetiche e morali *assolute*, totalizzanti, secondo le quali, in virtù di esigenze psicologiche e fisiologiche "fondamentali" – la risposta postmoderna, sul versante antirelativista, tanto all'ingenua ontologia scientifica e metafisica dei primordi, quanto alle contraddizioni storiche della fotografia *straight* – il giudizio è astratto dai discorsi sul "contesto", sulle logiche produttive e sull'ambiguità degli usi mediatici dell'immagine, e questa ritrova piena legittimità *in se stessa*, nel suo funzionamento formale e nel genere di risposta emotiva che può suscitare nello spettatore. È soprattutto in relazione a ciò che, mi sembra, andrebbe considerato il nodo della *grande assente* della *Kriegsfibel*: la Shoah.

In risposta agli argomenti di Sontag, David Freedberg propone la sua analisi della fotografia di Capa all'interno di un discorso assai più ampio e articolato, sull'incidenza della teoria dei neuroni specchio nelle scienze umane. L'approccio investe nei suoi fondamenti epistemologici la dialettica storica tra tradizione e progresso: «Parte della resistenza che le scienze umane oppongono ad affermazioni generali sul cervello dell'uomo è fondata sul timore fuorviante che accogliere le scoperte scientifiche implichi la capitolazione del contesto, sociale o storico che sia. Questa è però un'idea convenzionale, debole e superata. È giunto il tempo che le scienze umane siano più aperte alle scoperte scientifiche. È impossibile parlare di contesto se non si conoscono i limiti e le possibilità di quegli aspetti di noi stessi che stanno al di là del nostro controllo conscio. Inoltre, abbiamo bisogno di riprendere in considerazione il ruolo che l'automatismo svolge nel comportamento dell'uomo»[31]. Lo studioso innesta la sua analisi della fotografia di Capa, e delle immagini di guerra e sofferenza, in quello che definisce «il nucleo» dell'argomento di Sontag: «Sontag suggerisce che se non veniamo raggiunti dallo shock di queste immagini, è per una mancanza di immaginazione e di ciò che lei chiama empatia, usando questa parola nel senso comune di profonda simpatia per coloro che appaiono sofferenti. [...] Sontag però non definisce affatto questo termine, e per altro non suggerisce che possa essere suscettibile di una definizione più puntuale. E invece lo è, secondo percorsi che ci avvicinano ad alcuni dei modi fondamentali in cui gli esseri umani si rapportano alle immagini che vedono». Questo snodo (tra una nozione triviale e una nozione scientifica di empatia), introduce l'immagine di Capa avallandone una lettura al contempo *universale* («Fare asserzioni su risposte "fondamentali" o "umane" è diventato fuori moda, perché significherebbe limitare le costruzioni di risposta individuali, idiosincratiche e particolari, e trascurare le differenze. Tuttavia ormai è troppo facile insistere sulle differenze. Ovviamente tutte le risposte alle immagini possono essere più o meno modificate dal contesto, ma resta il fatto che gli esseri umani reagiscono alle immagini – e all'arte – in modi che sono generalizzabili e che riguardano la nostra costituzione fisiologica, biologica e neurobiologica di esseri umani») e *formale* («Guardando quest'immagine [...] sentiamo nei nostri stessi corpi la precisa instabilità di quell'uomo che cade»)[32].

Posta in questi termini, la questione del documento sembra perdere ogni legittimità. Nella sua monumentale riflessione sulla dialettica "tra documento e arte contemporanea", e sulla "crisi della fotografia-documento", André Rouillé la ripropone in termini diversi ma in fondo altrettanto revisionisti, che trovano nell'antinomia ottocentesca arte/documento la loro matrice originaria. La figura di Capa è menzionata in un passo dedicato alla «perte du lien avec le monde» dell'immagine (a ridosso di uno snodo storiografico ben preciso, e della presa di posizione brechtiana): «Henri Cartier Bresson publie *L'instant décisif* en 1952, au moment où le monde traumatisé par la guerre est à la cherche de nouvelles valeurs, et ou la modernité qui s'annonce est accueillie comme la promesse d'un avenir meilleur. C'est l'époque d'avant la télévision, et d'avant les grandes utopies de la communication». La fine di questo periodo, segnato dal mito del reporter di guerra e dalla morte sul campo, come "martiri", di alcune sue figure emblematiche, giungerà, canonicamente, con il Vietnam, l'avvento della televisione e la chiusura di «Life». Da qui in avanti, «la photographie-document va devoir abandonner nombre de ses bastions, partager son règne, et faire face à une dure concorrence»[33].

Tale concorrenza si gioca principalmente sul terreno dei generi e degli usi estetici della fotografia. L'ambiguo rapporto tra autenticità e allestimento nelle immagini di guerra è al centro dell'analisi mediologica di Robert Kolker. Qui il nodo realtà/finzione, il problema meramente "formale" del valore documentario dell'immagine, sembra sovrapporsi alla questione della responsabilità individuale, in uno scarto dal contesto storico al significato simbolico cui fa da puntello ideologico il valore estetico dell'immagine. Kolker associa alla fotografia di Capa un'altra celebre icona della guerra: «Joe Rosenthal's image of the raising of the flag on Mount Suribachi [...] was taken in February, 1945, for the Associated Press news service. Everything in this picture, but most especially the dynamics of its composition [...] are irresistibly triumphant. [...] Yet, since the photography was first published, accusation have swirled that Rosenthal staged it. [...] Rosenthal's detractors insist that the picture is too perfect to have happened spontaneously. The question, in this case, is whether it matters or not? Is the "reality effect" and the energy of victory that is the image itself more important than how the image was constructed? The war image is highly charged by the immediate contact it makes with the event it portrays. Nothing is more immediate than death on the battlefield. *Loyalist Militiaman at the Moment of Death* [...] is almost famous as the raising of the flag at Iwo Jima. [...] Its immediacy – the impression of an event that is *un*mediated – is expressed through the dynamic composition of the shot and the expressive right-to-left movement; the sense of the shot soldier almost blown out of the frame is so vivid that takes a moment to realize that is a photograph of death happening. Attempts have, been made to prove it fake, through all evidence confirms this is an image of something terrible happening taken at the moment of its occurrence»[34].

Più complesse e aperte le analisi di Lara Feigel e Jan Mieszkowski, dove l'ambiguità dell'immagine non è più oggetto di discussione, ma un dato di partenza della riflessione teorica. Per la prima, «*The Falling Soldier* typifies the hyperreal aspect of the Spanish Civil War. Capa himself was a figure constructed for and by the media». Ripercorrendo anch'essa il dibattito sull'immagine, e commentando in particolare la ricostruzione di Whelan, Feigel conclude: «If we accept Whelan's account, the photograph becomes all the more potent, straddling as it does the real and the hyperreal. The head throw back, the body about to hit the ground and the muscles flexed in a final moment of strenght can still be horrorific, even if Borrell died for the media and not for politics. And of course in this context the media is politics»[35]. Mieszkowski prende la fotografia di Capa a modello di una categoria più generale, che definisce "ontologicamente" una precisa tipologia di istantanea, delineandone il contesto di ricezione: «The instant-of-death photograph purports to be a permanent record of a transitory instant, although an instant whose consequences were graphically permanent. The traumatic impact of such a picture may have to do with the way in wich it isolates a particolar moment, monumentalizing it as absolutely meaningful while still demanding that its viewer coordinate this moment with a "before" and an "after". Shutting between the ephemeral and the fixed, the image testifies to the photographer's skill in enshrining an arresting scene for posterity as much as it illustrates the fragility of the human condition or the possibility for cold-blooded murder»[36].

(Addentrandosi infine nella sterminata letteratura pubblicata in rete su questa immagine, ci si imbatte nell'ultima versione, quella più spiccatamente *mainstream*, del mito, e se ne può constatare l'ancora attuale capacità di polarizzare il dibattito critico, radicalizzandone gli opposti assunti ideologico-militanti. Contrariamente alle versioni accreditate dagli storici e rivendicate dai detentori dei diritti legali sulle fotografie di Capa, la rete avalla perlopiù la tesi della falsità dell'immagine e innesta sulla sua controversa vicenda storica ed editoriale una serie di ipotesi, ricostruzioni, interpretazioni di cui non avrebbe senso qui rendere conto in dettaglio)[37].

4. *Empatia e stupore*

Sarà chiaro, a questo punto, perché non intendo proporre ulteriori interpretazioni della fotografia di Capa ma semmai esaminare, alla luce dell'operazione brechtiana, le ragioni della della sua fortuna critica. Ciò che mi interessa non riguarda in nessun modo il problema della sua autenticità: diciamo che da questo punto di vista il fatto che essa sia equivoca in sommo grado gioca a favore della tesi che sto sostenendo, dal momento che le conferisce un particolare "appeal teorico" sia da parte dei fautori dell'autenticità, sia da parte di chi la contesta. L'equivoco, soprattutto, la rende sintomatica rispetto al genere di verità che ci si aspetta da una fotografia, specie da *questo genere* di fotografie. L'aspetto più interessante riguarda dunque le ragioni di fondo, gli argomenti adottati per storicizzare la posizione di Capa in quanto testimone di un evento storico inteso nella sua massima generalità e ridotto al suo grado zero: la guerra "in quanto tale", assimilata alla rappresentazione dell'istante della morte di un soldato; la sua quintessenza, per come può essere rappresentata in un reportage fotografico esemplare.

L'ambiguità risiede, mi sembra, nella sovrapposizione tra il giudizio estetico, epistemico e morale: nella confusione tra il *valore* attribuito all'immagine e il senso di *ciò che è stato* (ossia è realmente accaduto) di fronte all'obiettivo del fotografo. Il fatto che tale contraddizione appaia qui insolubile, orienta il discorso su due possibili strade. Da un lato, si sostiene che l'ambiguità dell'immagine non ne inficia il valore di testimonianza storica – in questo argomento, mi sembra, ha un certo peso la valutazione formale della fotografia: la fiducia attribuita al suo autore ne è quasi una conseguenza; dall'altro, si obietta che essa dimostra solo come la fotografia sia per sua natura – in quanto arte meccanica, e dunque per definizione "amorale" – epistemologicamente fallace. In realtà i due argomenti, quello "filologico" e quello "relativista", solitamente contrapposti, si fondono nell'interpretazione dell'immagine di Capa, perché sottendono la medesima logica: l'autorità (e dunque il valore) che possiamo attribuire a una fotografia risiede unicamente nel patto fiduciario che ci lega allo *sguardo* del suo autore[38]. L'equivoco verte su alcune coppie polari di ragioni: da un lato (sul versante del referente dell'immagine, del suo "statuto di realtà") l'idea di una contrapposizione frontale, *diretta* tra verità e finzione; dall'altro (sul versante del medium) l'idea che gli «spazi discorsivi» storicamente assegnati dalla fotografia all'espressione di questa polarità, corrispondano ai generi del reportage e della fotografia allestita, e che tali generi siano impermeabili tra loro.

Infine, l'idea che la rappresentazione fotografica della morte – non di un cadavere, di una cosa *già* morta, ma *del morire*, di quella infinitesimale *durata* che fa da interstizio tra la vita e la morte – coincida con la verità ultima della fotografia, con la sua essenza epistemica e morale. Entrambe le tesi sottendono un argomento ontologico perché entrambe attribuiscono alla fotografia un valore assoluto, di verità o di menzogna. Private di questo appiglio, esse sarebbero solo opposte visioni militanti, o mera propaganda.

La fotografia del miliziano pone un problema storiografico non in virtù del fatto che sia vera o falsa, ma in virtù dell'assolutezza che è richiesta da entrambi i concetti di verità impliciti nelle opposte posizioni, quella documentaria (che chiama in causa l'argomento ontologico e filologico) e quella militante (pragmatica e implicitamente relativista), secondo le quali la verità di un'immagine, o è connessa al "valore" della testimonianza e all'"autorità"dello sguardo, e può dunque essere rivendicata in quanto tale; oppure è inattingibile in se stessa e irriducibile a principi astratti, e può solo essere strumento dell'azione politica. La posizione ontologica e quella materialista sono intrecciate rispetto al valore morale della fotografia, e il giudizio estetico in questo gioco fa da sponda, e confonde le acque.

Il che ci riporta a Brecht, e al metodo. Il miliziano è rappresentato nell'«istante decisivo» in cui la sua esistenza è sospesa tra la vita e la morte. Che si tratti di verità o finzione è anche sotto questo aspetto ininfluente: tra i due piani vi è una sorta di reciprocità rispetto al ruolo dell'atto fotografico[39]. Esso, in questo caso, coincide *in toto* con lo statuto epico della temporalità, per come ne parla Barthes in *Diderot, Brecht, Ejzenštejn*: «Per raccontare una storia, il pittore non dispone che di un istante: quello che sta per immobilizzare sulla tela. Quest'istante, deve dunque sceglierlo bene, assicurandogli in anticipo la massima efficacia di senso e di piacere: necessariamente totale, quest'istante sarà artificiale [...], sarà un geroglifico in cui si leggeranno con un solo sguardo [...] il presente, il passato e l'avvenire, cioè il senso storico del gesto rappresentato. Quest'istante cruciale, totalmente concreto e totalmente astratto, è ciò che Lessing chiamerà (in *Laocoonte*) l'*istante pregnante*»[40].

L'effetto paradossale di tutto ciò (un effetto che Jeff Wall ha indagato e decostruito in alcune sue fotografie allestite che mimano tipiche scene di reportage) è che in fotografia un'immagine di documentazione può operare – ossia apparire e richiedere di essere letta – come un *tableau vivant*, e viceversa. I modi di presentare e fruire la verità e la finzione si intrecciano, si scambiano e si confondono. Il significato politico dell'immagine di Capa – e la sua funzione *mitologica* rispetto alle categorie teoriche della storia della fotografia – risiede allora esattamente nella sua ambiguità a livello di modo di produzione e di regime d'uso. Ed è qui che va colto il nesso sotterraneo, latente, tra il discorso di Capa e il metodo brechtiano: «Se, come dice Sant'Agostino, una cosa può significare sia se stessa che il suo contrario [...], abbiamo allora qui il meccanismo significante dell'allegoria, che può approfittare dell'Identità e della Differenza nello stesso modo, con la prospettiva che queste si muovano verso l'Opposizione e infine verso la Contraddizione»[41]. Rispetto al senso di ciò che è rappresentato in quella fotografia, al suo "oggetto", la somiglianza è più allegorica che mimetica – da qui le tante analisi, i dubbi e le professioni di fede, il potere fascinatorio dell'immagine – perché qui «La percezione della similitudine appare [...] legata a un momento»[42]. Il ruolo *decisivo* di questo istante risponde così a un passaggio nodale (sia sul versante epico che su quello mitico, e precisamente nel contrapporsi dialettico tra questi due piani) nella storia della fotografia.

Il nucleo politico e ideologico di questo argomento anticipa, come una premonizione, l'immagine di Capa, e può essere ricondotto, oltre che alla teoria benjaminiana della «similitudine», ad alcuni brevi scritti in cui il filosofo si riferisce strategicamente a Brecht, osservando che nel teatro epico «La scoperta delle situazioni si compie tramite l'interruzione dei decorsi. Solo che qui l'interruzione non ha carattere di stimolo, ma una funzione organizzativa. Arresta l'azione in corso, e costringe così l'ascoltatore a prendere posizione rispetto all'accadimento, e l'attore rispetto al proprio ruolo»[43].

Per Brecht la rappresentazione non deve semplicemente produrre uno stimolo, uno choc (come accade nel reportage, forma che Benjamin, seguendo il pensiero del drammaturgo, assimila a un genere di «intrattenimento» integrato nell'«apparato borghese di produzione e pubblicazione», una delle cui «funzioni politiche è quella di rinnovare il mondo dal suo interno – in altre parole: secondo la moda –, lasciandolo così com'è»)[44], ma uno scarto di consapevolezza, una comprensione dei fenomeni tramite lo stupore e la riflessione critica, piuttosto che attraverso l'empatia e l'identificazione psicologica (in *Che cos'è il teatro epico* ribadirà lapidariamente che «L'arte del teatro epico consiste nel suscitare stupore piuttosto che empatia»)[45].

In ciò l'interruzione – nozione cruciale, che nel discorso della fotografia coeva equivale all'idea di una *scelta istantanea* del fotografo: scelta da cui dipende quasi integralmente l'autorità del suo sguardo

– ha carattere puramente strumentale proprio perché produce senso per allegoria. Da qui nasce sia l'efficacia strategica e comunicativa, sia quella che a mio avviso è la maggiore contraddizione[46] insita nell'uso brechtiano della fotografia: perché tale carattere strumentale trovi infatti una sua autenticità, perché abbia una *propria* autorità, l'autore reale (il fotografo) deve essere rimosso, "interrotto": deve essere *ridotto a un gesto*: «Del resto il teatro epico è per definizione un teatro gestuale. Poiché noi otteniamo tanti più gesti quanto più spesso interrompiamo colui che sta agendo»[47]. Brecht *si appropria* della fotografia in modo programmatico, teorico: si appropria del suo linguaggio, delle sue ambiguità, delle sue idee (allo stesso modo, la teoria visuale moderna si approprierà delle idee brechtiane). E lo fa in modo organico, come suggerisce ancora Benjamin, «dal momento che in politica non è determinante il pensiero privato, ma, come ha detto una volta Brecht, l'arte di pensare con la testa degli altri»[48].

Nella *Kriegsfibel*, quest'arte basata sullo straniamento di pensieri (e sguardi) altrui insiste caparbiamente sui territori del *sogno* e della *cecità*, talvolta sovrapponendoli in una rete di associazioni trasversali. Mi limito qui a segnalare alcuni snodi testuali, incrociati e disseminati tra le didascalie originali delle immagini e gli epigrammi brechtiani. Un Hitler oratore, nell'*incipit* della sequenza visiva (Tavola 1), fa da Caronte: «Come uno che a cavallo lo ha percorso dormendo,/ conosco il sentiero scelto dal destino,/ sentiero stretto, che porta nell'abisso:/ lo trovo nel sonno. Mi venite dietro?». Nella fucilazione della Tavola 12 il tema è enunciato dalla didascalia: «I tedeschi sono stati "gentili" con questo francese. Gli hanno bendato gli occhi, prima di fucilarlo». Nella Tavola 21 i piloti dei bombardieri sono «figli del fuoco, ma non della luce» venuti «dalle tenebre» e diretti «nel nulla». Nella Tavola 29 «Un cavallo di pietra viene al trotto dalla cancelleria del Reich./ Sconsolato, nell'avvenire oscuro guarda fisso». La Tavola 43 riproduce una fotografia di George Silk (*Blinded soldier, New Guinea*, 1942) dove, come recita la didascalia, «un fante australiano accecato è sulla via del ritorno, sorretto da un soccorrevole aborigeno papua». Situazione che ritorna nella Tavola 51: qui «un giovane nippo-americano, che nel passare il Volturno, in Italia, è stato accecato, siede, pazientemente, sul letto». La tavola successiva riporta altre fotografie di Silk: nove «soldati esausti» addormentati (secondo la didascalia), disposti (secondo l'epigramma) «come se fossero già nella tomba, ahimè – davvero/ non sono morti, dormono soltanto./ Ma se non dormissero, non sarebbero svegli lo stesso». Le Tavole 56 e 68 chiudono in qualche modo il cerchio. La prima, associando di nuovo alla fotografia la propria didascalia: «Soldato tedesco, cieco di guerra, nel lazzaretto di Mosca» e l'epigramma: «Hai perduto la luce degli occhi davanti a Mosca,/ o uomo cieco, ora potrai capirlo./ Il führer del malanno non ha preso Mosca./ Se l'avesse presa, non l'avresti visto». La seconda, commentando ancora nove ritratti di soldati e ufficiali. Qui l'idea di "cecità" gioca un ruolo duplice e del tutto metaforico: «Pensavo di conoscervi e non ho cambiato idea,/ e non sono di quelli disposti a un cieco elogio:/ siete sprecati per conquistare il mondo alla cieca,/ per asservire gli altri o stare sotto il giogo».

Sul versante opposto della cecità, c'è il tema della visione e del vedere. Numerose tavole lo enunciano, e molte di esse sembrano a riguardo disporsi in modo speculare. Ad esempio quelle dedicate alla guerra aerea: la 15 e la 18, che rimarcano ironicamente l'esultanza e la precisione di mira dei piloti tedeschi appena rientrati alla base dopo una missione; e la 20 e la 42, che sottolineano gli sguardi terrorizzati dei civili durante i bombardamenti.

La Tavola 8, che commenta l'invasione nazista in Olanda, Belgio e Francia, esibendo un'immagine di soldati appostati tra vagoni ferroviari prima di un assalto, rappresenta in questo senso uno snodo cruciale rispetto all'idea brechtiana di fotografia, perché formula in modo esplicito e diretto il problema dell'*oggetto dello sguardo*. Anche in questo caso la strategia (didattica) è implicita nel metodo e, come ha evidenziato Jameson – analizzando la scena iniziale della *Vita di Galileo*, alcune annotazioni tratte dai diari brechtiani e le parabole politiche contenute nel *Me-ti. Libro delle svolte* – può essere ricondotta al *gestus* fondamentale (*Grundgestus*) del mostrare: «Insegnare è quindi mostrare [...], e la rappresentazione scenica dell'insegnamento è mostrare il mostrare, mostrare come si mostra e si dimostra»[49]. La spiccata *fotograficità* di questo modus operandi (che procede «analogamente all'uso che si fa in linguistica della parola "deissi" per l'atto di indicare») riposa sulla sua «struttura duale o a due livelli, nella quale un punto di partenza empirico [...] è cancellato e ripreso in una forma più vivida, nella quale è distillato il gesto dimostrativo»[50]. Se la Tavola 4 poneva il problema della manipolazione mediatica della rappresentazione[51], la 8, specularmente, invita a osservare e interpretare lo sguardo del soggetto rappresentato nell'immagine, che *in sé* è muto, è puro "significante senza significato". Lo stesso gesto interpretativo si apre a una dimensione contraddittoria, che trae origine dalla polisemia dell'immagine. Brecht coglie in effetti un «punctum» – «Ciò che io posso definire non può realmente pungermi»[52], scrive Barthes –, un bagliore di violenza e paura nell'occhio dei due soldati (ha cura di preservare questa ambiguità: la didascalia nasce da questo). È una contraddizione tra la direzione degli sguardi e quella dei fucili, tra la percezione fisiologica e la sua protesi tecnologica, cha fa nascere la domanda: «era il francese l'oggetto dei vostri sguardi? O il vostro capitano, che vi sorveglia?». Il problema didattico è: chi e cosa è guardato? In ciò, Brecht non mostra alcun interesse per quello che è forse l'assunto fondamentale della concezione modernista della fotografia: l'idea, cioè, che anche l'immagine più realistica e impersonale sia pur sempre l'oggetto dello sguardo di qualcuno, un costrutto elaborato dall'"occhio del fotografo". La sua attenzione è piuttosto rivolta al fatto che qui ci troviamo sull'opposto versante della situazione decostruita nella Tavola 4, sul fronte (o *proscenio*) della guerra. Le due dimensioni si pongono in qualche modo reciprocamente come scena e retroscena (nel senso che Erving Goffman attribuisce a questa categoria di opposti)[53]. E anche se vediamo vedere, questo non basta per sciogliere l'intrico di intenzionalità sottese all'immagine.

Se la guerra è in primis una tecnica dello sguardo, la "realtà" – come possibilità di azione politica – dell'immagine si configura come qualcosa di intermedio tra un barthesiano "campo di forze" (un costrutto relativistico a più lati e plurale, dove le rappresentazioni mentali dell'osservatore e dell'osservato si ingannano e si confondono in un gioco di specchi)[54] e un Panopticon foucaultiano in cui lo sguardo può esprimersi solo in una dialettica radicale tra chi ha il potere di osservare e chi lo deve subire: ecco allora che le ragioni dell'*oggettività* non hanno alcun senso, se sei *tu* l'oggetto dello sguardo.

In questo sistema di relazioni entro cui prendono forma sia lo sguardo individuale, soggettivo, sia la logica culturale che definisce il regime di credenza delle immagini, non tutti gli attanti hanno lo stesso potere rispetto all'oggetto dello sguardo: la relazione tra chi *produce* e chi *subisce* il "potere delle immagini" è inversamente proporzionale alla fiducia nelle stesse: più credi nell'immagine (nella sua "naturalità" e trasparenza) più sei soggetto (assoggettato) al regime dei suoi utilizzi sociali e culturali. In tal senso le immagini della guerra sono soltanto prodotti e strumenti del potere: «L'individuo è senza dubbio l'atomo fittizio di una rappresentazione "ideologica" della società, ma è anche una realtà fabbricata da quella tecnologia specifica del potere che si chiama "la disciplina". Bisogna smettere di descrivere sempre gli effetti del potere in termini negativi: "esclude", "reprime", "respinge", "astrae", "maschera", "nasconde", "censura". In effetti il potere produce; produce il reale;

produce campi di oggetti e rituali di verità. L'individuo e la conoscenza che possiamo assumerne derivano da questa produzione»[55].

Così mostrare (o, brechtianamente, «mostrare il mostrare») le rappresentazioni del potere implica la decostruzione (lo straniamento) dei suoi meccanismi produttivi. Secondo Benjamin, l'«autore come produttore» è precisamente colui *che mostra* tali processi, e così facendo *indica* al tempo stesso una cura, una risposta, un antidoto. Rispetto a ciò, la posizione del filosofo e quella del drammaturgo si distinguono radicalmente nel considerare il ruolo del fotografo. Per Brecht, egli è sostanzialmente l'operatore occulto – invisibile e inconsapevole – del potere e delle sue mitologie propagandistiche. Per Benjamin, egli detiene sì il potere sulla tecnologia dello sguardo, ma questo potere rappresenta anche una responsabilità di ordine politico, rispetto alla quale la fotografia può assumere una funzione determinante. Egli auspica e confida in questo suo *potere di smascherare le rappresentazioni del potere* e immagina la figura del "fotografo-letterato" come colui che è capace di «dare alla sua fotografia quel commento scritto che la sottrae all'usura della moda e le conferisce un valore d'uso rivoluzionario»[56].

5. *Fare luce*

Talvolta Brecht ha cura di restituire l'immagine assieme al *proprio* testo, al suo commento originario. Comunque si interessa sempre, prima che all'immagine in sé, al suo valore d'uso, al messaggio di *quella* fotografia in *quel* contesto editoriale. E la didascalia storica di norma – ma questo non è il caso dei reportage di Capa, ed è uno dei motivi per cui la sua figura ha assunto qui un rilievo così significativo – non riporta né l'autore dell'immagine né una descrizione, diciamo così, minimamente epistemologica di ciò che riproduce: una descrizione del potenziale significante di quella immagine, di quel punto di vista, rispetto alla complessità della situazione rappresentata. In ciò si palesa un problema che è sia storico sia storico-fotografico, dato che Brecht, durante il suo esilio, attinge da uno dei principali canali dell'informazione di massa dell'epoca, una rivista per cui lavorarono i maggiori reporter e fotografi documentaristi statunitensi ed europei – molti dei quali a loro volta esiliati per le proprie idee politiche.

Brecht si disinteressa all'autore reale della fotografia e alla forma della sua enunciazione. Didi-Huberman al fatto che Brecht non si ponga il problema delle fonti che utilizza: dal punto di vista *dell'occhio della storia* la drammatica contingenza dell'esilio offre una giustificazione valida in sé. Ma se in relazione all'atteggiamento di Brecht il problema in effetti non si pone, dal punto di vista della storia fotografica – e specialmente di quella fase in cui diventava centrale il problema della specificità del medium: esattamente sotto il profilo del rapporto tra il valore formale dell'immagine, lo sguardo del fotografo e il genere di operazioni tecniche e conoscitive entro cui la sua visione prende forma – la questione è invece sostanziale. Come chiarisce Lugon, nella cultura fotografica del Novecento la concezione del valore documentario dell'immagine non è un parametro costante nel tempo, ma è soggetta a fluttuazioni, amnesie e ricomparse. La seconda guerra mondiale rappresenta in tal senso uno spartiacque: «Dalla fine degli anni Trenta, il documentario subisce i primi attacchi: alcuni lo considerano un approccio troppo freddo e distaccato dalla realtà, altri gli rimproverano di coltivare una forma di pietismo sociale e alimentare così la propaganda [...]. In qualsiasi modo lo si definisca, si tenta di spiegare meglio il termine, di riorientarne il senso o di trovare dei sinonimi, finché dopo la guerra esso cade davvero in disgrazia. Carico di connotazioni negative, troppo ambiguo nella sua ampiezza semantica e nella varietà di pratiche che gli sono associate, viene definitivamente messo da parte. [...] Perché la parola sia progressivamente reinvestita di senso bisognerà aspettare una nuova generazione di fotografi e di conservatori. Nel 1967 l'importante presentazione di Diane Arbus, Lee Friedlander e Garry Winogrand organizzata da John Szarkowski al MoMA si intitola *New Documents*, titolo che sembra un omaggio indiretto all'ondata documentaria degli anni Trenta e in particolare a Evans, al quale tutti questi fotografi fanno riferimento e che conoscono personalmente»[57].

Nel periodo in cui Brecht lavora alla *Kriegsfibel* – a cavallo di questo snodo cruciale – il dibattito interno alla cultura fotografica più impegnata sul versante politico e sociale, verte sulla distinzione tra documento fotografico, fotografia "artistica" e semplice fotografia istantanea. Lincoln Kirstein, nella già citata postfazione ad *American Photographs* di Walker Evans, pur accomunando a Evans Cartier-Bresson in virtù del suo occhio «anti-graphic, or at least anti-art-photographic», si esprime in questi termini nei confronti della fotografia di reportage in genere: «The candid camera is the greatest lier in the photographic family [...], presents an inversion of truth, a kind of accidental revelation which does far more to hide the real facts of what going on than to explode it [...]. The candid-technique has little candour. It sensationalizes movement, distort gesture, and caricatures emotions. Its only inherent characteristic is the accidental shock that obliterates the essential nature of the event it pretends to discover. It is anarchic, naive and superficial»[58]. Il metodo di Evans incarna in tal senso una posizione complementare, se non speculare, rispetto all'idea brechtiana secondo la quale le fotografie, immesse nei circuiti dei media e della propaganda, sono ormai divenute *geroglifici* impossibili da decifrare. Egli attacca in particolar modo le soluzioni puramente visive, grafiche della Straight Photography americana e del Modernismo europeo. Nella sua concezione, e in quella dei molti autori che si rifaranno al suo metodo, «Una fotografia non si propone più come pura organizzazione di un insieme, composizione unitaria di linee e materiali, come fosse un quadro [...]. La fotografia è concepita innanzitutto come un insieme di dettagli da guardare tutti con la stessa attenzione, una somma considerevole di informazioni da *decifrare*»[59].

Simili prese di posizione sono frequenti nel contesto della più avanzata fotografia documentaria dell'epoca: quella cui Brecht, per scelta, non ricorre nella *Kriegsfibel*, scegliendo invece immagini perlopiù anonime (ma non solo) tratte da reportage pubblicati su una rivista di attualità a grande tiratura. Brecht diffida dello sguardo fotografico tout court; non riconosce alcuna autorità all'occhio del fotografo: è in relazione a ciò che deve essere considerato l'atteggiamento noncurante che assume riguardo alle fonti iconografiche, accostando materiali eterogenei, non menzionando gli autori delle fotografie e usando semmai immagini e didascalie come "sintomi" attorno ai quali imperniare analisi trasversali, ellittiche; oppure, al contrario, come meri oggetti scopici inerti, descrizioni letterali dei referenti rappresentati (che, proprio in virtù di ciò, surrettiziamente ogni volta rimandano ad altro).

Si può ricavare il sottinteso ideologico di questo atteggiamento nella parte conclusiva della *Piccola storia della fotografia* benjaminiana (a partire da un monito che, per altri versi, non è mai stato attuale come ai nostri giorni): «I fotografi che sono arrivati alla fotografia dalle arti figurative non per considerazioni opportunistiche e non per caso, oggi costituiscono l'avanguardia tra i loro colleghi, perché attraverso il loro sviluppo sono in certo modo al riparo dal maggior pericolo della fotografia odierna, la tendenza all'arte industrializzata. [...] Una volta che la fotografia si è emancipata dalle connessioni con gli interessi fisiognomici, politici, scientifici, quali si dànno in un Sander, in una Germaine Krull, in un Blossfeldt, diventa *creativa*. L'obiettivo mira alla *veduta globale*; entra in scena il tipo del fotografo mestierante. [...] La creatività della fotografia è la sua abdicazione alla moda. *Il mondo è bello*: questo è il suo motto. Questo motto smaschera l'atteggiamento di una fotografia che [...] anche quando affronta i soggetti più gratuiti, è più una prefigurazione della loro vendibilità che della loro conoscenza. Ma poiché il vero volto di questa creatività fotografica è la réclame o l'associazione, la legittima risposta ad essa è lo smascheramento o la costruzione». Il prosieguo del ragionamento – dove ritornano parole già ascoltate – rende esplicita la sua derivazione brechtiana: «Poiché la situazione, dice Brecht, "si complica per il fatto che meno che mai una semplice *restituzione della realtà* dice qualche cosa sopra la realtà. Una fotografia delle officine Krupp o AEG non dice quasi nulla in merito a queste istituzioni. La realtà vera è scivolata in quella funzionale. La reificazione delle relazioni umane, e quindi per esempio la fabbrica, non rimanda più indietro le relazioni stesse. Si tratta dunque effettivamente di *costruire qualche cosa*, qualcosa di artificioso, di predisposto"»[60].

Poco più avanti, dopo aver ricondotto la logica di questo processo alla sua dialettica storica originaria (la dicotomia tra arte e scienza, estetica ed ermeneutica, che il filosofo identifica nelle opposte posizioni sulla fotografia espresse alla metà dell'Ottocento dal «rozzo "pittore di idee"» Antoine Wierz e da Charles Baudelaire), Benjamin espone la propria idea sul reportage, in quanto forma strutturalmente incapace di articolare un discorso critico sulla realtà: «Una cosa però non è stata osservata da entrambi – da Wierz e da Baudelaire –, e cioè le indicazioni implicite nell'autenticità della fotografia. Non sempre sarà possibile eluderle con un reportage i cui cliché comportano semplicemente che vengano associate per l'osservatore con indicazioni linguistiche. La macchina fotografica diventa sempre più piccola e sempre più capace di afferrare immagini fuggevoli e segrete, il cui effetto di shock blocca nell'osservatore il meccanismo dell'associazione. A questo punto deve intervenire la didascalia, che include la fotografia nell'ambito della letterarizzazione di tutti i rapporti di vita, e senza la quale ogni costruzione fotografica è destinata a rimanere approssimativa»[61].

Didi-Hubermann sottolinea questa inefficacia dell'ideologia documentaria rilevando come la «pure narration documentaire – celle, par example, d'un reportage de *Life* – méconnâit tout autant son historicité immanente puisqu'elle la rabat entièrement sur les choses au détriment des relations, sur les faits au détriment des structures»[62]. Brecht diffida del realismo documentario e rifiuta la strada astratta e formalista della fotografia *straight*. L'arte più avanzata, per lui, «n'est pas celui de l'autonomisation abstraite des moyens formel mais, au contraire, celui où doit *se reposer la question du référent historique* dans des processus qu'il nomme, dans son journal, "la voie de la profanisation, de la décultisation, de la secularisation de l'art»[63]. In tal senso le due strade della fotografia coeva, quella realista e quella formalista, rappresentano ai suoi occhi una falsa dialettica. In entrambe, la fotografia non "parla" ma "è parlata" da un linguaggio inconscio (quello dei media e della riproducibilità tecnica) e dunque le sue rappresentazioni non hanno *alcuna* autorità – né etica né estetica né epistemica – perché dipendono da implicite sovrastrutture economiche e ideologiche.

Ciò che tali forme hanno in comune è la loro funzione «mitologica», che consiste precisamente nel "naturalizzare" il senso agganciandolo a una forma chiusa, a qualcosa di dato e accettato in quanto tale: «il mito trasforma la storia in natura»[64]. Il riferimento all'analisi barthesiana del mito implica ancora una sorta di circolarità rispetto al nostro discorso, dal momento che, come osserva Jameson, *Miti d'oggi* «spianò la strada all'entrata trionfale dell'"effetto di straniamento" nella teoria francese»[65] (e, per quanto ci riguarda, nella teoria fotografica moderna). Egli ritrova l'origine di questa idea soprattutto nella «quarta e ultima formulazione dell'effetto-V, in definitiva quella di natura politica [...]. In questo caso il familiare – o abituale – è identificato come "naturale", e il suo straniamento, che rivela un'apparenza nella quale si suggerisce immutabilità ed eternità, mostra che l'oggetto, al contrario, è "storico" e, come corollario politico, che esso è fatto o forgiato dagli uomini e pertanto suscettibile di essere modificato dall'azione umana o completamente rimpiazzato. Questa formulazione finale, e le stesse categorie in cui è inclusa, corrispondono alla versione dello straniamento che Barthes divulga in Francia e saranno il punto di partenza per un poststrutturalismo propriamente brechtiano»[66].

C'è del resto una profonda affinità tra la teoria fotografica di Barthes e il genere di montaggio delle immagini praticato da Brecht. Commentando un passo tratto da *Héritage de ce temps* di Ernst Bloch, Didi-Huberman rileva che l'uso brechtiano della fotografia richiede, come principale strumento epistemologico, la sovrapposizione tra due diversi livelli o generi di montaggio. Questa sovrapposizione segnala anche una contraddizione – che oggi sembra tornare sotto mutate spoglie – tutta interna alla teoria fotografica, da sempre scissa tra il valore "puro" (automatico, indexicale ecc.) dell'immagine e il ruolo che in essa vi gioca (a livello di stile, forma ecc.) lo sguardo o l'intenzione del fotografo. Da un lato il montaggio *fa vedere* il senso dell'immagine, ne delimita o «ritaglia» una possibile lettura (allo stesso modo in cui, per Barthes, opera la didascalia rispetto alla polisemia della fotografia, e la disposizione scenica rispetto al contenuto della rappresentazione teatrale)[67]. Dall'altro, posizionandosi nei confronti della stessa "realtà" rappresentata nell'immagine (assumendo dunque l'immagine in quanto mera traccia, impronta, emanazione del referente ecc.), e giudicando la prima per mezzo della seconda, il montaggio opera come un *gestus*. Mostra cioè, e giudica, l'atto del mostrare implicito in ogni rappresentazione fotografica. La sua principale funzione è così quella di *demistificare la logica culturale dell'oggettività*.

Il problema, come ho già accennato, può essere posto nei termini di una relazione tra scena e retroscena[68]: l'oggettività è un costrutto doppiamente articolato – tanto al livello della sua conformazione iconica, quanto al livello della sua produzione mediatica – e dunque doppiamente ingannevole. (È la posizione sostenuta da Marshall McLuhan in uno tra i suoi libri più influenti: «Dire [...] che "la macchina fotografica non può mentire" equivale semplicemente a sottolineare le numerose frodi che vengono compiute in suo nome»)[69]. Ma la reificazione dell'oggetto scopico ottenuta per mezzo della riproducibilità tecnica tende a occultare, a "naturalizzare" – ossia, secondo l'analisi barthesiana, a inscrivere in una struttura mitologica – la funzione mediale del dispositivo fotografico. Da questo punto di vista il "montaggio fotografico", ossia il principio stesso del taglio del reale, e della sua ricomposizione formale nell'inquadratura, sta al montaggio propriamente detto – quello che Bloch chiama «montage culturel»[70] – come la scena fotografata, ossia la sua "superficie" meramente visuale, sta al retroscena, alle motivazioni "profonde" inscritte nella logica dell'immagine in quanto sue stesse condizioni di possibilità.

Proseguendo nel ragionamento, emerge forse la vera ossatura concettuale dell'analisi barthesiana della fotografia, riconducibile a una struttura quadripartita dove il rapporto fotografia/scrittura è riportato all'antinomia natura/cultura. Un paradigma il cui retaggio storico, mi sembra, va a sua volta rintracciato nell'epistemologia ottocentesca del medium, imperniata attorno alla dicotomia tecnica/arte e dove l'immagine, al di là delle sue valenze di "rappresentazione", è pressoché unanimemente definita nei termini di un'*impressione* naturale della luce sul supporto sensibile. Il ruolo del montaggio è insomma quello di reagire a una forma di decadenza, di *regressione* culturale (dal *logos* al *cliché*, dal prodotto intellettuale al prodotto industriale) originata dalla riproducibilità tecnica.

A riguardo, è particolarmente significativo il giudizio espresso da Barthes su *The Family of Man*[71]. Per il semiologo la mostra curata da Steichen nel 1955 estetizza e, così facendo, "naturalizza" e "mitizza" il gesto lavorativo, occultandone la dimensione storica. Senza riferirsi alle fotografie esposte o ai loro autori, Barthes critica in particolare le ragioni curatoriali di un progetto che assembla su un piano meramente mimetico, e iconografico, immagini provenienti da ricerche documentarie e reportage realizzati per finalità molto eterogenee – secondo logiche, ad esempio, narrative, illustrative o di propaganda. La mostra incarna così quel «mito ambiguo della "comunità" umana» il cui effetto è di «sopprimere il peso determinante della storia» impedendo di «penetrare in quella zona ulteriore dei comportamenti umani dove l'alienazione storica introduce quelle "differenze" che qui chiameremo semplicemente "ingiustizie". Questo mito della "condizione" umana riposa su una vecchissima mistificazione che è consistita sempre nel collocare la natura al fondo della storia». Riprendendo i termini di una lunga querelle che aveva segnato il dibattito antropologico coevo, contrapponendo i sostenitori di un universalismo di matrice evoluzionistica alle nuove teorie particolariste avanzate dall'antropologia strutturale, Barthes rilevava come «Perché questi fatti naturali accedano a un linguaggio veritiero occorre inserirli in un ordine del sapere, cioè postulare che si possa trasformarli, sottomettere appunto la loro naturalità alla nostra critica di uomini. Perché, per universali che siano, essi sono i segni di una scrittura storica». La sua critica si fa ancor più serrata proprio laddove, nella parte conclusiva del breve scritto, affronta il tema della mostra: «Che il lavoro sia un fatto ancestrale non gli impedisce affatto di restare un fatto perfettamente storico. In primo luogo, palesemente nei suoi modi, moventi, fini e profitti, al punto che non sarà mai leale confondere in una identità puramente gestuale l'operaio coloniale con l'operaio occidentale [...]. E poi nella sua stessa fatalità: sappiamo bene che il lavoro è "naturale" nella misura stessa in cui è "redditizio", e che modificando la fatalità del profitto, modificheremo forse un giorno la fatalità del lavoro. È di questo lavoro, fatto interamente storia, che vorremmo sentir parlare, e non di una eterna estetica dei gesti lavorativi»[72].

6. *Fissare lo sguardo*

Come opporsi, dunque, a questa «eterna estetica dei gesti lavorativi»? Che *gestualità politica* contrapporvi – sembra dire Brecht – se non proprio quella *della fotografia?* Nel suo studio sul metodo brechtiano Jameson mostra che «il *gestus* è di per sé l'operatore di un effetto di straniamento e in particolare [...] lo straniamento deriva da una sovrapposizione di ciascun significato su tutti gli altri»[73]. Nella prima semiotica barthesiana, dove l'interrogazione sul funzionamento linguistico della fotografia si innesta sul problema psicoanalitico del «trauma», questo nodo trova una sintesi nel tema della «polisemia» dell'immagine fotografica: «ogni immagine è polisemica: essa implica, al di sotto dei suoi significanti, una "catena fluttuante" di significati, che il lettore può in parte scegliere e in parte ignorare. La polisemia produce un'interrogazione sul senso; [...] anche al cinema, le immagini traumatiche sono legate a un'incertezza (a un'inquietudine) sul senso degli oggetti o degli atteggiamenti»[74] e «il trauma è per l'appunto, ciò che sospende il linguaggio e blocca la significazione»[75]. Ne deriva che «l'effetto "mitologico" di una fotografia è inversamente proporzionale al suo effetto traumatico»[76].

Questa capacità del senso di rivolgersi su se stesso attivando significazioni parassite – alternative, *diverse* – è tipica dei processi metalinguistici, e, nel caso della fotografia, concerne specialmente ogni forma di *mise en abyme* delle sue procedure empiriche (mirare, puntare), tecniche (sezionare, riprodurre, ripetere), sociali (posare, descrivere). E non perché la componente esplicitamente linguistica e comunicativa (semica, astratta, convenzionale) sia meno sviluppata (è una caratteristica che entra di pieno diritto nella storiografia fotografica con la fotografia propriamente «analitica» degli anni Settanta, particolarmente brechtiana, del resto, nelle sue procedure decostruttive) ma perché in qualche modo la fotografia stessa in quanto apparato, *prima ancora di pensarsi o "esibirsi" come linguaggio*, sia al livello del suo inconscio ottico e tecnologico, sia come sintomo dell'inconscio umano, "porta avanti" (ossia esibisce come effetti o residui del gesto da cui deriva: l'«atto fotografico») le proprie stesse procedure, come tautologie del referente cui rimanda.

Perlopiù trascurata dagli storici della fotografia fino ad anni recenti, la *Kriegsfibel* si pone in un rapporto radicalmente antagonista nei confronti della mostra curata da Steichen – un altro grande evento mediatico dell'epoca, che, potremmo dire, sta alla rinascita postbellica degli anni Cinquanta come i reportage di Capa alle tragedie del periodo bellico. Il confronto è illuminante anche per quanto concerne il ruolo di *The Family of Man* in rapporto agli assetti discorsivi che la fotografia di impianto realista e documentario definisce e rivendica in un passaggio nodale della sua evoluzione storica, tradizionalmente – da storici come Newhall, Gersheim, Scharf, Lemagny – identificato con la sua classicità e considerato uno spartiacque tra la fase modernista e sperimentale d'inizio secolo e quella "soggettiva" e concettuale del secondo Novecento, che a sua volta prelude e pone le basi per la sua futura integrazione nelle logiche culturali del postmodernismo[77]. Per Didi-Huberman il libro di Brecht «pourrait être considérée comme l'implicite réponse»[78] al progetto di Steichen. Una risposta complessa, articolata su più piani, che implica tanto le ragioni d'insieme del volume, la concezione dell'uomo e del suo ruolo nella storia, l'idea di comunità, di civiltà, di progresso sottesa alla sequenza iconica, quanto il valore d'uso delle singole fotografie, la loro collocazione e concatenazione significante in un preciso contesto discorsivo e campo di valori.

Il confronto tra le rispettive modalità di enunciare il proprio messaggio politico, consente di coglierne meglio i rispettivi impianti, tanto ideologici quanto iconografici. L'immagine pubblicata nella quarta di copertina del libro di Brecht, che ritrae un gruppo di studenti intenti a seguire una lezione, corredata da una quartina di versi che si chiudono esortando a "imparare ad imparare e a non dimenticarlo mai", sembra in effetti rispondere con un montaggio implicito alla fotografia dell'assemblea delle Nazioni Unite di Maria Bordy che prelude all'ultima immagine del catalogo di Steichen: un famoso scatto di Eugene Smith (*The Walk to Paradise Garden*, 1946) dove due bambini, colti sulla soglia tra una "selva oscura" e un sentiero in piena luce, si incamminano verso l'orizzonte dando le spalle allo spettatore. (La *Kriegsfibel* invece si chiude con un ritratto di Hitler all'apice della sua ascesa politica, commentato da versi che, nell'allusione al grembo materno, ancora fecondo, da cui il mostro è «strisciato» fuori, si pone in effetti come un deciso controcampo ideologico della prima sequenza di Steichen: una serie di fotografie di bambini, famiglie, nascite, introdotte da un lontano cielo stellato). L'immagine di Smith è accompagnata da un verso del poeta (e tra i primi fautori di una federazione europea) Saint-John Perse: «A world to be born under your footsteps». Quella di Brecht, strategicamente isolata – a fronte di una narrazione invece tutta imperniata sull'articolazione dialettica di coppie polari o su piccole serie di fotografie – e collocata in una posizione enunciativa idealmente "esterna" alla sequenza del libro, come a straniarne tutto l'impianto iconico in una sorta di *mise en abyme*, rovescia del tutto il senso del montaggio di Steichen. I ragazzi che ascoltano la lezione rivestono in qualche modo un ruolo di *admonitor* rispetto alla sequenza complessiva, al "racconto" del libro: lo *indicano* in quanto oggetto di osservazione critica. La loro età anagrafica si colloca a metà strada tra l'età della colpa e l'età dell'innocenza; tra la generazione dei padri, gli uomini che hanno fatto la guerra e le sono sopravvissuti, e la generazione dei figli, i futuri uomini che nulla sanno del buio da cui provengono e, ignari, si incamminano verso un futuro di speranza.

Ma, ed è questo il senso dell'implicita risposta brechtiana a Steichen, non può esserci speranza senza conoscenza. Il ruolo incarnato dagli studenti è quanto di più distante possibile da quello dei politici che, riuniti in assemblea, negoziano il nuovo ordine mondiale. La dicotomia ideologica si gioca qui tra due strategie dello sguardo opposte e inconciliabili: sul versante umanista e americanista di Steichen, lo sguardo delle nuove generazioni verso il futuro è vergine, innocente, non ha responsabilità né coscienza della propria storia, e la sua tutela è affidata alla politica, cui spetta il compito di assicurare il benessere e la concordia tra gli stati. Sul versante brechtiano, la logica dello sguardo incarna la celebre figura dell'*Angelus novus* di Paul Klee che introduce le *Tesi di filosofia della storia* (1955) di Walter Benjamin (figura che in effetti opera, su un piano metaforico e linguistico, come un *indice*): «un angelo che sembra in atto di allontanasi da qualcosa su cui fissa lo sguardo»[79].

È su questo piano che, mi sembra, dovrebbe essere posto *oggi* il problema del "valore estetico" della fotografia. L'operazione di Steichen enfatizza (e mitizza) il ruolo del fotografo tanto quanto il lavoro di Brecht tende a minimizzarlo – in una prospettiva politica che *resiste* alle categorie storiografiche. Il valore formale "puro" dell'immagine (che l'estetica *straight* riconduceva al perfetto controllo tecnico del processo di previsualizzazione e registrazione del reale tradotto in segno fotografico) opera come una funzione mitologica che tende a uniformare tutte le differenze tra referenti, modalità enunciative, intenzioni documentali nel discorso di Steichen; il giudizio etico sulla storia e la diffidenza nei confronti della riproducibilità tecnica in quanto strumento dell'erosione capitalistica del reale, rimuovono dall'osservazione brechtiana delle fotografie ogni interesse per la forma e per gli aspetti puramente visivi, stilistici delle immagini – dunque per la loro maggiore o minore "autorialità".

Brecht non vuol considerare la posizione del fotografo perché, *dal suo punto di vista* – di fatto e di diritto – tratta la fotografia come un oggetto puramente strumentale.

Dal punto di vista della Fotografia, questo ha due importanti implicazioni. Da un lato, sul versante propriamente storico della questione, ciò pone Brecht in una posizione di radicale *inattualità* rispetto alla vicenda culturale del medium fotografico: il suo atteggiamento epistemologico è in effetti più prossimo – seppure, diciamo così, orientato in una direzione diametralmente opposta: in virtù della quale la riproducibilità tecnica *mente* per definizione – agli usi ottocenteschi della fotografia, ancillari e ibridi, che a quelli "specifici" e "puri" canonizzati dalla storiografia fotografica tardo-modernista. Dall'altro, sul versante teorico e filosofico, ciò implica una lucida e anch'essa inattuale – ma in un senso quasi profetico, che tornerà più volte in Barthes – consapevolezza della strutturale polisemia e ambiguità dell'immagine meccanica. Rispetto al modello formalistico, evolutivo e auto-celebrativo di classicità istituzionalizzato alla metà del secolo scorso, la lezione brechtiana prefigura così le teorie postmoderne della fotografia e i suoi attuali usi estetici, largamente basati sulla "dispersione" del medium in una pluralità di forme e direzioni, e su una profonda revisione della nozione di "autore".

È in questo senso che, con Jameson, possiamo affermare che anche riguardo alla concezione della fotografia «di fatto siamo già "ritornati a Brecht" e che il suo pensiero è oggi presente dappertutto senza che venga fatto il suo nome e senza che ne siamo consapevoli»[80].

1. Georges Didi-Huberman, *Quand les images prennent position*, cit., p. 28.

2. Ivi, p. 33.

3. Fredric Jameson, *Brecht e il metodo*, cit., pp. 195-196. La fonte è la stessa riportata da Benjamin nella *Piccola storia della fotografia*. Vedi *infra* e nota 60.

4. Jean Baudrillard, *L'ordine dei simulacri*, in id., *Lo scambio simbolico e la morte* (1976, *L'échange symbolique et la mort*), Feltrinelli, Milano 2002, p. 77.

5. Ed è, per Brecht, principalmente un problema di ordine drammaturgico, che riguarda la *rappresentazione scenica* del denaro (Jameson cita ancora un'annotazione di Brecht dalle note per il *Jae Fleischhacker in Chicago*): «le catastrofi provocate dal denaro devono essere assolutamente dissimili da quelle occasionate dalla passione bellica o amorosa. Queste catastrofi prendono corpo in maniera più sottile, impalpabile e asciutta. Ciò che deve essere mostrato è esattamente questa sottile, invisibile e distruttiva forza del denaro, che è così terribile soprattutto quando siamo sprovvisti di informazioni». Fredric Jameson, *Brecht e il metodo*, cit., p. 197.

6. Georges Didi-Huberman, *Quand les images prennent position*, cit., pp. 172-173.

7. Cfr. Robert Capa, *Slightly Out of Focus*, Henry Holt, New York 1947.

8. Fredric Jameson, *Brecht e il metodo*, cit., p. 160.

9. *Ibidem*.

10. Commentando una fotografia di Kertész, Barthes scrive: «(qui, veramente, la fotografia supera se stessa: non è forse questa la sola prova della sua arte? Annullarsi come *medium*, non essere più un segno, bensì la cosa stessa?)». Roland Barthes, *La camera chiara*, cit., p. 47.

11. Intendo qui il termine in un senso strettamente linguistico, non psicologico: sarebbe infatti del tutto controproducente per la mia analisi ricondurre un metodo di lavoro, un progetto estetico e didattico, al livello di una idiosincrasia personale. Riguardo al nesso tra questa categoria filosofica e la posizione brechtiana sulla fotografia, mi sembra risolutiva la riflessione di Paolo Virno, suffragata da alcune annotazioni di Wittgenstein, sull'impossibilità logica di negare un'immagine (o ammettere l'esistenza di immagini negative): «Una immagine non mostra mai come non stanno le cose. [...] L'impossibilità di produrre una rappresentazione negativa, il cui solo compito sarebbe di mostrare l'inadeguatezza di una precedente rappresentazione, è la conseguenza diretta, o il corollario, di una impossibilità più radicale: quella di distinguere la rappresentazione in genere, non importa se impeccabile o fallace, dal fatto rappresentato. [...] Scrive Wittgenstein [...]: "si può negare un'immagine? No. E in ciò risiede la distinzione tra immagine e proposizione". La negazione è il crinale che separa il pensiero verbale dalla rappresentazione psicologica. [...] Il linguaggio stabilisce una relazione diretta con una rappresentazione psicologica (di per sé innegabile) soltanto se, astenendosi dal descrivere a sua volta il frammento di mondo che essa ci pone davanti, si limita a formulare un giudizio riflessivo sull'esito dell'attività cognitiva. Soltanto se, insomma, *rinuncia a occuparsi dell'oggetto su cui verte la rappresentazione per trattare la rappresentazione stessa come un oggetto*». Paolo Virno, *Saggio sulla negazione. Per una antropologia linguistica*, Bollati Boringhieri, Torino 2013, pp. 50-55, corsivo mio.

12. Il brano tratto da *In Memoria della Comune di Parigi* (1896), uno scritto dello storico marxista Franz Mehring che Benjamin annota all'inizio della sezione dei *Passages* dedicata alla Comune, ne indica le future implicazioni politiche: «La storia della Comune di Parigi è diventata la grande pietra di paragone nella questione: "Come la classe operaia rivoluzionaria deve orientare la sua tattica e la sua strategia per conseguire la vittoria finale?" Con la caduta della Comune sono cadute per sempre le ultime tradizioni della vecchia leggenda rivoluzionaria». Walter Benjamin, *I «passages» di Parigi*, cit., vol. II, p. 858.

13. Cfr. Quentin Bajac (a cura di), *La Commune photographiée*, Réunion des musées nationaux, Paris 2000. Catalogo della mostra, 14 marzo - 11 giugno 2000, Musée d'Orsay, Paris.

14. Colette E. Wilson, *Paris and the Commune. 1871-78. The Politics of Forgetting*, Manchester University Press, Manchester 2007, pp. 10-11, 20. L'autrice esamina la posizione di Du Camp nel contesto del «dominant social group of the 1870s, the anti-Communard bourgeoisie». In relazione alla prospettiva storica del libro, «was this group's 'memory' of Paris and the Commune which was to crystallize into the accepted 'history' of this event as exemplified by Du Camp's *Les Convulsions de Paris*, and which was to have the longest-lasting influence on how the French establishment continued to perceive this period well into the twentieth century, with the result that, even today, the subject remains contentious. And, most importantly, it was this dominant group

that was responsible for the reconstruction of Paris in a concerted effort to efface all material traces of the Comune». Ivi, p. 15.

15. Cfr. Quentin Bajac (a cura di), *La Commune photographiée*, cit.

16. Mary Warner Marien, *Photography. A cultural history*, Laurence King, London 2002, p. 114.

17. Ivi, p. 115.

18. Colette E. Wilson, *Paris and the Commune. 1871-78. The Politics of Forgetting*, cit., pp. 22-23.

19. Mary Warner Marien, *Photography. A Cultural History*, cit., p. 115.

20. Colette E. Wilson, *Paris and the Commune. 1871-78. The Politics of Forgetting*, cit., p. 23.

21. Fredric Jameson, *Brecht e il metodo*, cit., p. 161.

22. *Ibidem*.

23. Beaumont Newhall, *Storia della fotografia* (1982, *The History of Photography*), Einaudi, Torino 1984, pp. 362, 357, 360.

24. Vincent Lavoie, *The Instant of History*, in Joan Fontcuberta (edited by), *Photography. Crisis of History*, Actar, Barcelona 2011, pp. 201-202.

25. Richard Whelan, *Robert Capa. A Biography*, Alfred A. Knopf, New York 1985, pp. 97-100.

26. Graham Clarke, *La fotografia. Una storia culturale e visuale* (1997, *The Photograph. A Visual and Cultural History*), Einaudi, Torino 2009, p. 178.

27. Fred Ritchin, *Close Witnesses. The Involvement of the Photojournalist*, in Michel Frizot (edited by), *A New History of Photography*, Könemann, Köln 1998, p. 591.

28. Michael Griffin, *The Great War Photographs: Constructing Myths of History and Photojournalism*, in Bonnie Brennen, Hanno Hardt (edited by), *Picturing the Past. Media, History and Photography*, University of Illinois, Chicago 1999, pp. 139-140.

29. Susan Sontag, *Sulla fotografia. Realtà e immagine nella nostra società*, cit., p. 20. Vedi anche *supra* e nota 65 nella prima parte.

30. Ead., *Davanti al dolore degli altri*, cit., pp. 34-36.

31. David Freedberg, *Empatia, movimento ed emozione* (2004), in Giovanni Lucignani, Andrea Pinotti (a cura di), *Immagini della mente. Neuroscienze, arte, filosofia*, Raffaello Cortina, Milano 2007, p. 16.

32. Ivi, pp. 30-32.

33. André Rouillé, *La photographie. Entre document et art contemporain*, Gallimard, Paris 2005, pp. 175-176.

34. Robert Kolker, *Media Studies. An Introduction*, Wiley-Blackwell, Malden, MA 2009, p. 60.

35. Lara Feigel, *Literature, Cinema and Politics, 1930-1945. Reading Between the Frames*, Edinburg University Press, Edinburgh 2010, pp. 147, 148.

36. Jan Mieszkowski, *Watching War*, Stanford University Press, Stanford 2012, p. 119.

37. Cfr. in particolare le interpretazioni di Richard Whelan e del giornalista Phillip Knightley, nonché il documentario di Hugo Doménech e Raúl M. Riebenbauer *La Sombra del Iceberg* (2007). Nello stesso anno il dibattito ha avuto una ulteriore ripresa a causa del ritrovamento della famosa "valigia messicana" contenente 126 negativi di Capa, Gerda Taro e David Seymour "Chim", in larga parte risalenti alla Guerra di Spagna; malgrado le aspettative, però, la scoperta non sciolse i dubbi circa l'autenticità della fotografia del miliziano. Cfr. http://museum.icp.org/mexican_suitcase/story.html. Questi, in sintesi, gli argomenti adottati a sostegno della tesi sulla falsità dell'immagine: Capa non rifiutava, talvolta, di allestire le sue fotografie; non esistono prove documentali della morte del miliziano Federico Borrell García; il luogo che si vede nella fotografia non ha riscontri

nella zona di Cerro Muriano; le ombre proiettate dal miliziano non corrispondono a quelle che ci si aspetterebbe a quell'ora del giorno; la posizione del corpo che cade non coincide col movimento di un uomo che corre in avanti; la situazione rappresentata non fa pensare a una reale battaglia ma a un set improvvisato. Ciò sarebbe confermato dal confronto con le immagini di altri fotografi attivi nello stesso periodo e negli stessi luoghi, e soprattutto dai fotogrammi adiacenti al celebre scatto (osservabili solo sul provino, di scarsa qualità, dato che i negativi sono andati perduti) in cui il miliziano, o qualcuno che gli assomiglia, appare in un momento di riposo assieme ad altri soldati. A partire da questa considerazione, è stata formulata anche l'ipotesi che l'immagine sia il risultato di una tragica messa in scena finita male (e rispetto alla quale il fotografo sarebbe poi sempre rimasto reticente), ossia che il miliziano stesse posando per Capa quando fu raggiunto dal proiettile di un cecchino.

38. Intervenendo in difesa dell'*autenticità* dell'immagine, anche a seguito del dibattito alimentato dalla sua biografia, Whelan ne ribadisce l'*autorità* e definisce la fotografia del miliziano «an unquestioned masterpiece of photojournalism and as perhaps the greatest war photograph ever made». Richard Whelan, *Proving that Robert Capa's "Falling Soldier" is Genuine: A Detective Story*, «Aperture», No. 166, Spring 2002 e in rete all'indirizzo: http://www.pbs.org/wnet/americanmasters/episodes/robert-capa/in-love-and-war/47/.

39. Prendiamo la più canonica tra le definizioni proposte da Cartier Bresson: «Una fotografia è per me riconoscere simultaneamente, in una frazione di secondo, da un lato il significato di un fatto e dall'altro l'organizzazione rigorosa delle forme percepite visualmente che questo fatto esprimono». Henri Cartier Bresson, *L'istante decisivo* (1952, *L'instant décisif*), ora in Id., *L'immaginario dal vero*, Abscondita, Milano 2005, p. 33. La storicità di questa categoria, che associa in effetti *d'autorità*, e in modo un po' surrettizio, un giudizio estetico e un giudizio epistemico o morale (ma chi parla è un fotografo con interessi tanto artistici quanto militanti, dunque ha tutto il diritto di farlo: ben più discutibile è, diciamo così, l'abuso storiografico di questa nozione, e la sua ipostatizzazione teorica) è facilmente messa in luce applicandola al miliziano di Capa, come l'immagine stessa *nella sua dimensione morale e formale* sembra richiedere. Il valore d'uso della categoria «istante decisivo» non cambia se consideriamo la fotografia – *casus* esemplare anche in questo senso – un documento (l'istante della morte) o una costruzione, una finzione narrativa (la più efficace rappresentazione del morire). Nel caso in cui la morte fosse reale, l'atto fotografico sarebbe funzionale a coglierne il significato iconico (di cui l'immagine si offrirà come testimonianza); nel caso in cui fosse recitata a favore dell'obiettivo, sarebbe funzionale produrre un *decisivo* «effetto di reale» che renda credibile la rappresentazione. La terza ipotesi, quella della tragica messa in scena, appare in tal senso come una variabile impazzita che, brechtianamente, svela la fallacia del sistema.

40. Roland Barthes, *Diderot, Brecht, Ejzenštejn* (1973), in Id., *L'ovvio e l'ottuso. Saggi critici III* (1982, *L'obvie et l'obtus. Essais critiques III*), Einaudi, Torino 1985, p. 92.

41. Fredric Jameson, *Brecht e il metodo*, cit., p. 164.

42. Walter Benjamin, *Dottrina della similitudine* (1933), in Id., *Aura e choc*, a cura di Andrea Pinotti e Antonio Somaini, Einaudi, Torino 2012, p. 143.

43. Id., *L'autore come produttore. Discorso tenuto presso l'Istituto per lo studio del fascismo di Parigi il 27 aprile 1934*, ivi, pp. 159-160.

44. Ivi, pp. 154-155. Sotto questo aspetto «i radicali di sinistra sono la mimetizzazione proletaria della borghesia in sfacelo. La loro funzione è quella di creare, dal punto

di vista politico, non partiti ma cricche, da quello letterario non scuole ma mode, da quello economico non produttori ma agenti». Ivi, p. 157.

45. Id, *Che cos'è il teatro epico? [seconda stesura]* (1939), ivi, p. 288.

46. Essa risiede, come cerco qui di dimostrare, nella riduzione "ontologica" della fotografia a un modello teorico del quale si eludono, deliberatamente, la storicità e le eccezioni: «Il teatro epico, ritiene Brecht, non deve tanto sviluppare azioni quanto rappresentare situazioni. *Rappresentazione non significa però restituzione nel senso dei teorici del naturalismo.* Si tratta piuttosto, principalmente, di scoprire queste situazioni (si potrebbe anche dire, allo stesso titolo: estraniarle). Questa scoperta (straniamento) delle situazioni avviene mediante l'interruzione del corso delle azioni». *Ibidem*, corsivo mio.

47. Ivi, p. 289.

48. Walter Benjamin, *L'autore come produttore*, cit., p. 153. È qui che va individuato il principale fronte di scontro tra l'atteggiamento brechtiano e la coeva evoluzione della fotografia (incentrata sulle nozioni di autore, opera e stile individuale): «Per la trasformazione delle forme di produzione e degli strumenti di produzione nel senso di un'intellighenzia progressista [...] Brecht ha coniato il concetto di "cambiamento di funzione". Egli è stato il primo ad affermare, per l'intellettuale, questa importante esigenza: egli non deve rifornire l'apparato di produzione senza nello stesso tempo trasformarlo, nella misura del possibile, nel senso del socialismo. "La pubblicazione dei *Versuche* [Saggi] – dice l'autore nell'introduzione alla raccolta omonima – ha luogo *in un momento in cui certi lavori non devono più essere tanto esperienze vissute individuali (avere carattere di opera)*, quanto essere diretti all'utilizzazione (trasformazione) di determinati istituti e istituzioni"». Ivi, p. 154, corsivo mio.

49. Fredric Jameson, *Brecht e il metodo*, cit., p. 122.

50. Ivi, p. 146.

51. Vedi *supra*, in part. par. 5, nella prima parte. Nella fotografia riprodotta si vedono alcuni generali falangisti spagnoli inginocchiati durante una messa e contornati da una folla di persone. Nel conflitto tra la didascalia e l'epigramma, l'immagine è stigmatizzata come una celebrazione del potere, uno spettacolo a favore di fotocamere e cineprese. Brecht usa il commento originale – apparentemente una mera descrizione della fotografia – per mostrarne la valenza propagandistica. Rispetto all'oggetto rappresentato, il testo originale opera per tautologia, quello brechtiano per «distanziazione». Barthes ha analizzato la questione in termini semiotici, come una dialettica tra denotazione e connotazione. Cfr. Roland Barthes, *Il messaggio fotografico* (1961), in Id., *L'ovvio e l'ottuso*, cit., pp. 15-17 ("Il testo e l'immagine").

52. Id., *La camera chiara*, cit., p. 52.

53. Cfr. Erving Goffman, *La vita quotidiana come rappresentazione* (1959, *The Presentation of Self in Everyday Life*), il Mulino, Bologna 1969. «Nei confronti di una data rappresentazione il retroscena può essere definito come il luogo dove l'impressione voluta dalla rappresentazione stessa è scientemente e sistematicamente negata. Le funzioni caratteristiche di tali luoghi sono naturalmente molte. È qui che viene faticosamente costruita la capacità di una rappresentazione a esprimere qualcosa che vada oltre se stessa; è qui che apertamente si creano illusioni e impressioni». Ivi, p. 133.

54. Cfr. Roland Barthes, *La camera chiara*, cit., § 5. «(La "vita privata" altro non è che quella zona di spazio, di tempo, in cui io non sono un'immagine, un oggetto. Ciò che devo difendere è il mio diritto *politico* di essere un soggetto)». Ivi, p. 16.

55. Michel Foucault, *Sorvegliare e punire*.

Nascita della prigione (1975, *Surveiller et punir. Naissaince de la prison*), Einaudi, Torino 1976, p. 212.

56. Walter Benjamin, *L'autore come produttore*, cit., pp. 155-156.

57. Olivier Lugon, *Lo stile documentario in fotografia*, cit., pp. 116-117.

58. Lincoln Kirstein, *Photographs of America: Walker Evans*, in Walker Evans, *American Photographs*, cit., pp. 191-192. Vedi anche *supra*, nota 4 nella prima parte.

59. Olivier Lugon, *Lo stile documentario in fotografia*, cit., p. 149.

60. Walter Benjamin, *Piccola storia della fotografia*, cit., pp. 75-76.

61. Ivi, p. 77.

62. Georges Didi-Huberman, *Quand les images prennent position*, cit., p. 64.

63. Ivi, p. 26.

64. Roland Barthes, *Il mito, oggi*, cit., p. 222.

65. Fredric Jameson, *Brecht e il metodo*, cit., p. 56. «È sicuramente nei *Miti d'oggi* di Barthes che si sviluppò la forma più utilizzabile del metodo brechtiano, e anche la più influente negli ambiti dell'analisi culturale e ideologica: quella di Barthes era un'"applicazione", quasi da manuale, del metodo a una serie di fenomeni sociali e culturali e, contemporaneamente, una teorizzazione degli oggetti di straniamento in termini protolinguistici, teorizzazione che ebbe la sua influenza generativa sull'evoluzione, basata sulla linguistica, del cosiddetto strutturalismo». Ivi, p. 223.

66. Ivi, p. 59.

67. «Il testo *dirige* il lettore tra i significati dell'immagine, gliene fa evitare alcuni e recepire altri. [...] Il testo è davvero il diritto di sguardo del creatore (e dunque della società) nei confronti dell'immagine: l'ancoraggio è un controllo, e detiene una responsabilità, di fronte alla potenza proiettiva delle figure, sull'uso del messaggio; in rapporto alla libertà dei significati dell'immagine, il testo ha un valore *repressivo*, e si comprende come sia al suo livello che s'investono la morale e l'ideologia di una società». Roland Barthes, *Retorica dell'immagine* (1964), in Id., *L'ovvio e l'ottuso*, cit., p. 30. «Il teatro è effettivamente una pratica che calcola il posto *guardato* delle cose; se metto lo spettacolo qui, lo spettatore vedrà questo; se lo metto in un altro posto, non lo vedrà e io potrò approfittare di questo nascondiglio per produrre un'illusione: la scena è per l'appunto la linea che taglia il fascio ottico, disegnando il termine e per così dire il fronte del suo schiudersi [...]. La rappresentazione non si definisce direttamente attraverso l'imitazione: anche sbarazzandosi delle nozioni di "reale", di "verosimile", di "copia", resterà sempre della "rappresentazione" finché un soggetto (autore, lettore, spettatore od osservatore) dirigerà il suo *sguardo* verso un orizzonte e vi ritaglierà la base di un triangolo di cui il suo occhio (o il suo spirito) sarà il vertice». Id., *Diderot, Brecht, Ejzenštejn*, ivi, p. 89.

68. Vedi *supra*, nota 53.

69. Marshall McLuhan, *Gli strumenti del comunicare* (1964, *Understanding Media*), il Saggiatore, Milano 1967, p. 205.

70. Georges Didi-Huberman, *Quand les images prennent position*, cit., p. 134.

71. Posizione ripresa quasi letteralmente da Susan Sontag nella sua raccolta di saggi *Sulla fotografia. Realtà e immagine nella nostra società*, cit., pp. 28-30.

72. Tutte le citazioni provengono da Roland Barthes, *La grande famiglia degli uomini*, in Id., *Miti d'oggi*, cit., pp. 173-175.

73. Fredric Jameson, *Brecht e il metodo*, cit., p. 133.

74. Roland Barthes, *Retorica dell'immagine*, cit., p. 29.

75. Id., *Il messaggio fotografico*, cit., p. 20.

76. Ivi, p. 21.

77. L'interpretazione psicoanalitica proposta da Hal Foster in rapporto a questo passaggio storico – nei termini

di una «relazione differita» tra le forme dell'arte modernista e postmoderna – chiarisce anche il ruolo centrale che la fotografia, facendo leva sulle proprie componenti soggettive, ha assunto in entrambe: «Secondo Freud, soprattutto seguendo la lettura di Lacan, la soggettività non è stabilita una volta per sempre; è piuttosto strutturata come connessione di anticipazioni e ricostruzioni di eventi traumatici [...]. Un evento è registrato soltanto grazie a un altro che lo ricodifica; arriviamo ad essere ciò che siamo solo attraverso azioni differite (*Nachträglichkeit*). Vorrei che fosse quest'analogia ad aiutare gli studi modernisti: *l'avanguardia storica e le neoavanguardie sono costituite in maniera analoga, come un continuo processo di spinte in avanti e indietro, un sistema complesso di futuri anticipati e passati ricostruiti, in breve, in un'azione differita che rovescia ogni semplice schema di prima e dopo, causa ed effetto, origine e ripetizione*». Questo paradigma sembra inoltre risolvere una serie di impasse (storiografiche, estetiche, epistemologiche) relative alla periodizzazione, o alle molte possibili periodizzazioni, delle due fasi storiche: «Credo che modernismo e postmoderno siano costituiti in modo analogo, nell'azione differita, come un processo continuo di futuri anticipati e passati ricostruiti. Ogni epoca sogna la successiva, diceva Walter Benjamin, ma così facendo rivive quella precedente. Non esiste un semplice *ora*: ogni presente è non-sincronico, una miscela di tempi diversi; perciò non c'è transizione temporale tra moderno e postmoderno [...]. Per questo motivo, modernismo e postmoderno devono essere analizzati insieme, *in parallasse* (tecnicamente, l'angolo di spostamento di un oggetto causato dal movimento di chi lo guarda), intendendo con questo che i nostri inquadramenti dei due concetti dipendono dalla nostra posizione nel presente e che questa posizione è definita da tali contestualizzazioni». Hal H. Foster, *Il ritorno del reale. L'avanguardia alla fine del Novecento* (1996, *The Return of the Real. The Avant-Garde at the End of the Century*), Postmedia, Milano 2006, pp. 39, 213.

78. Georges Didi-Huberman, *Quand les images prennent position*, cit., p. 193.

79. Walter Benjamin, *Tesi di filosofia della storia*, § 5, in Id., *Angelus novus. Scritti e frammenti* (1955, *Schriften*), Einaudi, Torino 1962, p. 80.

80. Fredric Jameson, *Brecht e il metodo*, cit., p. 221. Martin Jay sottolinea l'influenza del metodo brechtiano sulle teorie e sulle forme filmiche del secondo Novecento, riferendosi a Barthes e al dibattito semiotico sull'«effetto di reale», alla *politique des auteurs*, al Situazionismo e alle tecniche di *détournement* usate da Debord. Martin Jay, *Downcast Eyes. The Denigration of Vision in Twentieth-Century French Tought*, University of California Press, Berkeley-Los Angeles-London 1993, capp. 7-8.

Come può essere descritto, dunque, all'interno di questa dialettica tra *attualità e inattualità*, l'uso brechtiano della fotografia? Su che logica si basa, e come si differenzia dal modello auspicato da Benjamin?

Definirei sotto questo aspetto la *Kriegsfibel* una teoria negativa, dove l'oggetto della negazione è specificamente l'idea di fotografia "come linguaggio" – e non, ad esempio, come arte o come documento. Sottolineo ancora la contraddizione tra l'*incipit* del testo, il suo enunciato programmatico («Questo libro vuole insegnare l'arte di leggere le immagini») e il gesto di omettere le fonti, che, proprio in virtù dell'*incipit*, è lecito intendere come un enunciato negativo: un lapsus del testo. Aggiungo che Brecht interpreta al contrario l'idea di Benjamin, dato che *non fa* fotografie, ma le prende (fisicamente, le ritaglia) e le usa come una sponda per la sua scrittura. Il lavoro sulla didascalia è perlopiù dello stesso genere: fotografia e testo sono prelevati *assieme* dalla pagina tipografica e riportati come un'immagine: in un caso, la Tavola 31, il testo, la didascalia, *è* l'immagine.

Nella *Kriegsfibel* la presenza della fotografia è connessa a una serie di operazioni molto diverse – appropriazione, associazione, parodia, *ekphrasis* ecc. – ma ampiamente riconducibili, sul versante drammaturgico del problema, alla nozione di straniamento. Questo fatto non ci dice molto sull'esito dell'operazione brechtiana, se non ne commisuriamo la portata in relazione al nostro, *attuale* rapporto con le immagini. E, caso-limite, con le odierne immagini di guerra, in quanto sintomi persistenti di un "disagio della civiltà" che diventa «prodotto» storico e politico. In una prospettiva storico-fotografica – dove, diciamo così, il senso di un'immagine si sposta in rapporto ai suoi usi, il suo valore in rapporto al mercato ecc. – il punto è se sia lecito leggere la *Kriegsfibel*, ricavandone alcune figure sintomatiche, come un testo *sulla* fotografia, e sul nesso "ontologico" tra guerra e fotografia. La diversità di atteggiamento tra Brecht e Benjamin è in tal senso ancor più significativa proprio nella misura in cui la posizione del filosofo incrocia più volte, citandole a sostegno delle proprie tesi sulla fotografia, le idee del drammaturgo. Per non ridurre questa dialettica a un'idiosincrasia psicologica, a un'opinione personale di Brecht, occorre leggerla in un quadro scevro da cautele filologiche e devozioni biografiche – è forse anche un trucco per scongiurare quello che, secondo Jameson, è il rischio maggiore per chi studia Brecht: *prenderlo alla lettera*.

Sotto questo aspetto, sul versante del metodo, Brecht risolve tutte le contraddizioni attraverso un onnicomprensivo gesto di negazione, un diniego assoluto che abbraccia in un sol colpo arte e documento, testimonianza e mistificazione, militanza e propaganda. E che si fa beffe delle ambizioni artistiche, politiche e culturali dei fotografi.

Il lettore – ma è un lettore invitato a osservare, a diffidare, a non prendere alla lettera quello che vede – è condotto attraverso una molteplicità di oggetti iconici difformi, generici ma stranamente coerenti e insistentemente simili. Quasi tutte le fotografie sono anonime; talune, una significativa minoranza, sono celebri, per diversi motivi. Rispetto al tema del libro, alcune sono senza dubbio complici della guerra; molte appaiono semplicemente come residui della storia, labili tracce di orrori perduti nel tempo. Anche se provengono da fronti opposti, e da fonti diverse, più che contrapporsi, si sovrappongono, si intrecciano e confondono l'una con l'altra. Del loro legame con i fatti che attestano resta un'impressione vaga, onirica; in termini più linguistici (e «fotografici»): un "significante senza significato" che non dice nulla sull'oggetto della rappresentazione, se non che "è stato".

Sia Brecht sia Benjamin, naturalmente, pensano che la fotografia mistifichi la realtà delle cose che rappresenta. L'enunciato iniziale della *Kriegsfibel*, l'invito ad apprendere «l'arte di leggere le immagini», un'urgenza dettata dagli sconvolgimenti politici e sociali introdotti dalla tecnologia moderna e dal sistema della riproducibilità tecnica, esibite nel libro nei loro esiti più inquietanti, presuppone il tema – che il pensiero postmoderno ha rilanciato al punto da farne una figura retorica – del "diluvio delle immagini", e l'idea che, specie in tempo di guerra, occorra imparare a decostruire le icone della storia, per non esserne sopraffatti. Il problema, però, è che la fotografia – questo, tra le righe, sembra intendere Brecht – rende troppo semplice, immediata, alla portata di tutti (il che ne mina ogni *auctoritas*) anche un'altra arte tipicamente e pericolosamente moderna: l'arte politica, massimamente cinica e pragmatica, «di pensare con la testa degli altri», confondendo i confini tra oggettivo e soggettivo, reale e ideale, etico e strumentale. Brecht riconosce così implicitamente alla fotografia una capacità "naturale" – e inedita – di influenzare il pensiero altrui. Sotto questo aspetto la negazione è al contempo di ordine *ontologico e ideologico*, dunque senza appello.

Tale posizione sembra derivare in parte da una sua sostanziale incapacità di discostarsi (o dalla precisa volontà di non farlo), riguardo alla concezione della fotografia, dal paradigma ottocentesco dell'immagine meccanica come "specchio dotato di memoria"; in parte dalla sua teoria della rappresentazione scenica e, anche in relazione a essa, da una percezione di inattualità e di isolamento culturale rispetto all'evoluzione dei linguaggi visivi del suo tempo (che insistono invece, su più fronti, sul problema del "controllo" del medium: sul ruolo dello sguardo nella visione fotografica e sulle sue «specifiche» potenzialità estetiche e comunicative). Come ho detto, non credo che si possa ricondurre il senso dell'operazione brechtiana alla sola contingenza dell'esilio. La *Kriegsfibel* trova le sue radici nel contesto culturale delle avanguardie storiche – prefigurandone certi sviluppi contemporanei – e, da lì, il suo filo conduttore sotterraneo in un atteggiamento verso la fotografia nel quale *il caso* gioca un ruolo cruciale. Brecht lavora a produrre una distanza poetica a partire da immagini *trovate*, significative (per lui) ma *perlopiù* (e laddove ciò non accade, particolarmente sintomatiche) *indifferenti*: immagini spesso sostituibili con altre immagini – generiche più che altro perché, con parole di Barthes che ho già citato, tendono a «annullarsi come *medium*, non essere più un segno, bensì la cosa stessa» – e unite in fondo *dal solo fatto di essere fotografie*.

Sembra evidente, tirando le somme, che la portata teorica della *Kriegsfibel* si estende ben al di là di ciò che le sue immagini dicono. Rimarco ancora come questo "dire" (o enunciare), rispetto al quale il lettore è costantemente tenuto in allarme, non riguarda tanto il problema del *valore* – artistico o conoscitivo – della fotografia, ma il suo statuto linguistico. Di conseguenza, le sue responsabilità etiche e politiche: *ciò che la fotografia può affermare, e cosa si deve obiettare a tali affermazioni*. La negazione assolve così anche a una funzione didattica (e ideologica) che scavalca sia il problema della legittimità estetica del medium – argomento facile, ingenuo, ma contro il quale, all'epoca, si dovevano spesso scontrare i fotografi – sia il problema dello statuto epistemico dell'immagine fotografica: argomento ben più complesso e aperto, che la *Kriegsfibel* accoglie come monito e come testimonianza nella sua dimensione poetica, ma rifiuta programmaticamente di sciogliere, consegnandoci un'eredità che contiene in sé il germe del proprio contrario.

Ringraziamenti

Devo anzitutto un ringraziamento a Valentina Valentini, che ha insistito affinché cominciassi a interrogarmi su Brecht e la fotografia. Tra gli amici che, per primi, hanno letto il manoscritto, sono grato a Jacopo Benci, Gabriele D'Autilia, Francesco Faeta, Carmelo Marabello, Antonella Ottai, che mi hanno restituito indicazioni preziose per la stesura finale. Ringrazio Luigi Avantaggiato, Simona Corsetti, Dalila D'Amico, Tommaso Gennaro, Claudio Gobbi, Alessandro Imbriaco, Salvatore Maira per i loro consigli, e Roberta Valtorta per la disponibilità e fiducia nel mio lavoro.

Finito di stampare nel mese di ottobre 2015
in 505 copie
presso Ebod, Milano
reprint maggio 2020

Postmedia Srl
Milano
www.postmediabooks.it

www.ingramcontent.com/pod-product-compliance
Ingram Content Group UK Ltd.
Pitfield, Milton Keynes, MK11 3LW, UK
UKHW021934190726
13853UKWH00004B/1447

9 788874 901494